DROGAS
TORTUOSO CAMINHO

Solicite nosso catálogo completo, com mais de 350 títulos, onde você encontra as melhores opções do bom livro espírita: literatura infantojuvenil, contos, obras biográficas e de autoajuda, mensagens espirituais, romances, estudos doutrinários, obras básicas de Allan Kardec, e mais os esclarecedores cursos e estudos para aplicação no centro espírita – iniciação, mediunidade, reuniões mediúnicas, oratória, desobsessão, fluidos e passes.

E caso não encontre os nossos livros na livraria de sua preferência, solicite o endereço de nosso distribuidor mais próximo de você.

Edição e distribuição
EDITORA EME
Caixa Postal 1820 – CEP 13360-000 – Capivari-SP
Telefones: (19) 3491-7000 | 3491-5449
Vivo (19) 9 9983-2575 ● | Claro (19) 9 9317-2800
vendas@editoraeme.com.br – www.editoraeme.com.br

Norma Jorge Moreira
pelo espírito Fernando de O. Campello

DROGAS
TORTUOSO CAMINHO

Capivari-SP
– 2019 –

© 2019 Norma Jorge Moreira

Os direitos autorais desta obra foram cedidos pela autora para a Editora EME, o que propicia a venda dos livros com preços mais acessíveis e a manutenção de campanhas com preços especiais a Clubes do Livro de todo o Brasil.

A Editora EME mantém o Centro Espírita "Mensagem de Esperança" e patrocina, junto com outras empresas, instituições de atendimento social de Capivari-SP.

1ª edição – novembro/2019 – 3.000 exemplares

CAPA | André Stenico
PROJETO GRÁFICO E DIAGRAMAÇÃO | Marco Melo
REVISÃO | Adroaldo Moreira da Silva

Ficha catalográfica

Fernando de O. Campello (espírito)

Drogas: tortuoso caminho / pelo espírito Fernando de O. Campello; [psicografado por] Norma Jorge Moreira – 1ª ed. nov. 2019 – Capivari-SP: Editora EME.
208 pág.

ISBN 978-85-9544-129-3

1. Espiritismo. 2. Intercâmbio espiritual. 3. Mediunidade.
4. Dependência química e recuperação.
I. TÍTULO.

CDD 133.9

Sumário

Prólogo..7
Nota do autor espiritual......................................9

CAPÍTULO 1
Emanuelle..11

CAPÍTULO 2
João Carlos..23

CAPÍTULO 3
Susana..43

CAPÍTULO 4
Tortura dos pais..59

CAPÍTULO 5
O fundo do poço...101

CAPÍTULO 6
A Casa da Amizade..123

CAPÍTULO 7
Renascendo a esperança................................141

CAPÍTULO 8
Recomeço..161

CAPÍTULO 9
Anos depois 193

CAPÍTULO 10
O trabalho não cessa 203

Prólogo

As existências na Terra são assinaladas por desventuras e desilusões. São como rios caudalosos, que percorrem certo percurso demarcado pela natureza, com determinado lapso de tempo, enquanto não haja prolongada estiagem que lhes interrompa o curso, deixando visíveis as marcas da calcinação, da brusca mudança de consideráveis proporções.

Quantos não contemplam a vida terrena como remansoso lago circundado por arvoredos floridos, com aromas agradáveis. Todavia, quando a estiagem seca as águas, fortes aflições abatem as almas contemplativas; nuvens espessas embaciam os olhos dos que admiram a virtual natureza e o dilúvio passa a ser de lágrimas.

Seja em lares felizes, aquinhoados com riqueza, com aprimoramento intelectual dos familiares, seja no seio da pobreza ou inocência, existem revoluções que atingem elevados patamares com comportamentos contraditórios às regras impostas pela sociedade.

Esta obra apresentará, aos ledores, o relato de triste história de uma família aparentemente realizada, completa na formação e, sobretudo, na união que traria imensa satisfação a todos por tudo que haviam conseguido juntos e pelos benefícios que lhes concederiam recompensa com nova reencarnação no mundo terreno.

Eram afortunados, até que se lhes deparam certa transformação para a dor, para o sofrimento, permanecendo-lhes a opulência, contudo, eivada de tormentos. Na existência houveram de percorrer um caminho tortuoso, um caminho em sentido contrário aos seus desígnios; uma longa e desditosa caminhada.

FERNANDO DE O. CAMPELLO
Uberaba, MG, 26 de fevereiro de 2009

NOTA DO AUTOR ESPIRITUAL

Prezados leitores, em especial os jovens. Leiam atentamente esta obra a fim de que possam usufruir de todo o seu conteúdo e possam precaver transtornos a quem lhes ofertou a vida.

Procurem percorrer caminhos que os levem a encontrar a plenitude da existência do espírito: A VIDA. Ela é bela e foi criada pelo Senhor. A paz traz encantamentos enquanto vivermos na Terra, mas, para tanto, é necessário que nos situemos no caminho da bondade, do amor, segundo os preceitos de Jesus: amar ao próximo como Deus pede aos Seus filhos.

Jovens queridos, façam por bem brilharem suas vidas com a luz que Deus lhes oferece, porém, para chegarem a alguma das casas oferecidas pelo Pai, é indispensável a complacência na Terra. Assim, enquanto estiverem no mundo que foi escolhido para retorno às suas vivências carnais, vocês deverão fazer, com dignidade, os outros felizes.

CAPÍTULO 1

Emanuelle

E ra manhã do mês de junho; um dia invernoso, com muito frio. A chuva caía fina sobre o relvado. Fios prateados desciam sobre as belíssimas árvores; as magnólias, de galhos pendurados pelo peso da neve, e as vistosas flores com leves aromas enfeitavam o exterior de suntuosa residência, com mesclados matizes amarelos, brancos e rosados, caracterizando o aspecto pitoresco peculiar às comunidades medievais.

    Deliciosa atmosfera acompanhava amável donzela durante seu percurso, que se tornara frequente, todas as manhãs, antes que a luz do Sol se dispersasse sobre o horizonte sinuoso. Ao surgir dos primeiros raios nas planícies serranas, a donzela sentia intensidade luminosa na alma inocente. Entretanto, naquele dia sombroso, o brilho resplandecente do astro rei não encantava as paragens. O céu se ocultava na neve densa e a garoa descia teimosa.

Mas a menina acolhia o chuvisco com a mesma sensação deliciosa inerente a todos os amanheceres, de vez que se tratava de bênção divina que irrigava a Terra. Ela amava tudo que se dizia natural, por conseguinte, fruto do amor de Deus.

A encantadora jovem possuía espírito elevado, conformação física graciosa, natureza serena e gozava de imensa tranquilidade. Apreciava cirandar, com passos brandos, por todo o espaço florido, num valsar romântico, tocando com os pés, carinhosamente, a superfície aveludada e verdosa da relva.

Seu nome era Emanuelle. Sua estatura era mediana, destacando-se-lhe os lindos olhos amendoados; possuía imensa ternura e um elenco de cobiçáveis virtudes. Seu caminhar sereno evidenciava qualidades benfazejas que transpareciam em sua vivência terrena, até que surgissem adversidades em sua filosofia de vida.

Emanuelle era uma donzela de educação esmerada, puramente envolvida com a natureza, dedicada, meiga, de olhar dócil, sentimento isento de impurezas. Seu espírito cativante procurava estimular, com calorosa afeição, o verdadeiro amor. Para ela, era emocionante apreciar, todas as manhãs, os primeiros raios revelados no horizonte e, com meiguice no olhar curioso, seguia a trajetória daquela radiação solar descendo por entre as árvores galhudas, em forma de filetes luminosos, apagando-se no solo. Na mente, ela sentia a descida dos fluidos salutares, cuja radiação a beneficiaria, todo o dia, provinda das mãos benfeitoras de Deus.

Esta meiga criatura refletia uma programação do Alto Poder. Segunda filha de um casal de magnatas. O genitor, importante capitalista, era responsável por sua própria administração empresarial. A mãe possuía dons artísticos, revelando-se na atividade específica das belas-artes, sobre o mundo natural; tudo que brotava da terra causava-lhe encantamento.

Para a mãe, que se chamava Susana, a natureza possuía efeitos fascinantes, cuja realidade exibia peculiaridades especiais do Universo e completava a Terra através de suas forças poderosas. Susana era conservadora, de afeição pela filosofia e procurava conhecer melhor a teologia, à procura de verdades, em especial as que se referissem à sublime existência de Deus. Ela era possuidora de edificante bondade e seu espírito era harmonioso. Suas obras refletiam respeito, valores comportamentais e humanitários. Tinha noção clara de seus próprios erros e de sua ignorância. Mas procurava buscar auxílio na filosofia ditada pelo amor, e compartilhava das verdades sobre Deus, segundo as palavras do mestre Jesus e de seus discípulos.

Através de seus trabalhos artísticos, Susana reproduzia as verdades sobre a pregação de Cristo, com muito louvor. Mostrava, assim, sua paixão pelo mundo formado por Deus: a Terra. Aplicava-se às artes para transluzir, aos olhos dos seus admiradores, sua visão sobre o espírito, destacando a importância do corpo fluídico e que ele se formava de matéria provinda da natureza. Havia nítida clarividência nas imagens dos mundos, reproduzidas pelas mãos delicadas de Susana. A impressão era de que ela se transportava para tais moradas do Pai, tão perfeita era a aplicação pitoresca nos quadros.

Ilustrava, também, em seus trabalhos pictóricos, imagens de pessoas tão semelhantes aos modelos, que estes se comoviam. Para a habilidosa pintora, não havia destaque entre classes sociais ou raças. Sua arte valorizava indistintamente todas as castas humanas. Nas imagens projetadas em telas, ela distinguia, sobretudo, as virtudes humanas: as disposições voltadas para o bem. As pinturas exibiam nítida visão da alma e, no olhar profundo de cada imagem, via-se a vida e que, em realidade, no íntimo dos seres vivos não só se manifestava a contaminação do ódio, mas também um reinado de amor.

Tudo isso seria aprazível, não houvesse as estiagens que impingiriam etapas áridas e nocivas à vida dessa família.

Emanuelle herdara os traços inteligentes maternos e características da moral superior que a predispunha para o sentimento de afeição e ternura para com o próximo. Do pai herdara a propensão para se intelectualizar, estudiosa e compenetrada nos seus deveres de preparação para níveis superiores. Em poucos meses completaria o curso de atividade profissional no exterior, onde se ocuparia das relações empresariais da família com empresas estrangeiras.

Marcos, o primogênito, formado, unira-se ao pai, a fim de expandir os assuntos financeiros e empresariais. Um jovem muito estimado por sua lealdade, tanto nos sentimentos morais, como nos conhecimentos empresariais. Mantinha relações comerciais com outros países, onde incrementava a capitalização e, com tais relacionamentos, recebia títulos honoríficos de famosos organizadores industriais, predominantes em seus próprios negócios, como era seu pai, João Carlos. Marcos se estabelecera em Londres, onde constituíra respeitável família. Visitava o Brasil duas vezes ao ano, para prestar esclarecimento sobre a organização do desempenho financeiro.

Os caros leitores devem estar notando que esta obra menciona fatos inerentes ao presente e ao passado. Ela não é fruto de imaginação e sim de uma realidade recentemente ocorrida, por esta razão é que uso ora o presente, ora o passado. Esclareço que os nomes, tanto dos personagens, como dos locais citados, são fictícios.

Em se tratando, portanto, de revelação de acontecimentos não muito distantes, é que me devo precaver com respeito às verdadeiras identificações. Mas podemos acrescentar que tudo se passou em uma importante cidade do Brasil. Assim sendo, não mencionarei a designação desta aglomeração humana, precavendo-me de não inferir indícios deixados pelas vítimas que serão configuradas no decorrer desta obra.

Na imensa urbe, a atmosfera era agradável, mas havia constantes confusões no trânsito. As maneiras inadequadas, imprudentes, dos condutores de veículos expunham as pessoas a riscos temerosos. Grande número de pessoas apinhava em determinados pontos das calçadas, transformando-as em locais para vendas de produtos alucinógenos, transviando jovens, adolescentes e até crianças para o mundo de substâncias tóxicas e da prostituição.

Era inconcebível a destruição de vidas. Assim o digo porque a infância e a juventude estavam sendo seduzidas, corrompidas e conduzidas para inevitável suicídio indireto e inconsciente. Os transeuntes que se apiedavam eram inibidos de se aproximarem, porque era tão grande o número de indivíduos dependentes dos entorpecentes, que provocavam assombro. Além, havia tráfico de adolescentes menores e jovens para a prostituição, lembrando-nos o abolido mercado desastroso de escravos.

Iniciava-se a semana com o domingo silencioso, desprovido da luz da natureza. O infinito ocultava-se na névoa que inundava o espaço, prenunciando a chegada do inverno. O dia alvorecia lento e atormentativo. Suntuosos edifícios, casas e mansões exibiam aspectos assombrosos, com janelas e portas ainda cerradas. Mas uma porta descerrava suas folhas grossas e almofadadas, para passagem da bela jovem Emanuelle. Com olhar sereno, ela caminhava segura e com o coração brando. Andava sob o arvoredo, maravilhando-se com os matizes do inverno. Embora houvesse o desvanecimento da luz solar em face da chuva fina que caía, o amanhecer mostrava-se com o encanto das flores amarelas, róseas e vermelhas, que ornavam as galhadas, deixando o ambiente agradável e com aroma adocicado.

A jovem tinha a alma harmoniosa e nada transparecia de seu espírito bondoso, que permitisse prognosticar estiolamento de sua vida moral e cristã. Jamais se imaginaria que se derruísse o castelo sonhado para sua posteridade, que ela viesse a perder a gracilidade e sucumbisse à tentação reinante no antro da perdição, que seria destituída da confiança de seus amorosos genitores e se entregasse, literalmente, à difamação em um mundo que não era o seu.

Emanuelle amava a natureza. Amava a tudo e a todos. Adorava ouvir o gorjeio melodioso das aves, o sonoro trinar dos pássaros, o cocoricar das galinhas, o cantaricar dos galos que, para ela, era sublimidade da criação divina. A moça possuía esmerada educação, proeminente acervo cultural não só escolarizado, mas, sobretudo, inerente aos hábitos familiares. Seu círculo de amizade se restringia a poucos jovens descendentes de famílias ricas que se destacavam na sociedade. Mas ela se sentia mais jovial ao lado de jovens dotados de modéstia, descendentes de famílias simples. Estes é que ela considerava amigos sinceros e afetuosos, mormente porque tinham capacidade para decidir sobre seus próprios ideais, suas próprias realizações; embora surgissem preconceitos quanto a seus intelectos, eles conseguiam êxitos na faculdade. Emanuelle os apoiava, com veemência, dispondo-se a auxiliá-los na conquista de seus objetivos e na consecução de suas metas universitárias.

Ademais, ela sentia-se bem na companhia dos escolhidos jovens, em especial ao lado de André, um jovem de tez negra, recém-formado em medicina, na especialidade neurológica, que, por seu mérito, conseguiu ingressar em renomado hospital da cidade. Ainda que apreciasse a companhia dos seus preferidos jovens, raras vezes a moça a eles se juntava nas casas de diversões em que eles tinham condições de frequentar, onde não se bebia algo com teor alcoólico.

Os pais de Emanuelle se preocupavam com tais recintos frequentados pelos desfavorecidos da riqueza. Mas Emanuelle, com afetividade, intentava tranquilizá-los e, com voz amigável, argumentava:

– Querido paizinho! Não há necessidade de se preocuparem! Nem você, nem mamãe! Aonde vamos é aprazível, o ambiente é frequentado por gente modesta, mas de muita qualidade moral; é um lugar confiável. Lá não há luxo, não existe festividade ostensiva. Os frequentadores são agradáveis e isentos do que pudesse vir a prejudicar nossa reputação. A vida dessa gente, meu pai, só é desmantelada pelo preconceito. São dignos de confiança, transparentes e respeitosos.

Emanuelle inclinou a cabeça com tristeza na face e suavidade no olhar, e retornou ao assunto:

– Muito me entristece perceber que os que vivem na opulência repugnam ambientes frequentados pelos que vivem na luta de cada dia. Imaginação contrária de quando vêm ao mundo em que vivemos. É pena. Muito complicado ter que me afastar de pessoas que, para mim, refletem luzes semelhantes às nossas. De onde procedem os humildes? Não seria de onde também viemos? Teríamos lá – apontou para o alto com o indicador e completou: – vida de abundância, de coisas finas? Teríamos luxo? Será que lá viveríamos como aqui, com privilégios que nos separem dos demais filhos de Deus?

Tudo que possuímos nos é dado por empréstimo, pelas mãos dadivosas do Criador deste mundo. Nada nos pertence! Não somos proprietários da riqueza! Apenas a tomamos como acréscimo pela bondade divina. Portanto, não se deve vangloriar pelo que temos nesta vida, papai. Sei que teve seu trabalho e sua perseverança para conseguir isso que possuímos! Mas, não houvesse a bondade de Deus, não haveria sua inteligência para alcançar a plenitude dessa opulência. Com certeza, caso fosse diferente, não seríamos ricos! Mas, talvez possuíssemos uma fortuna diferente desta de hoje: um acervo de bondade, de amor, de humildade e caridade para com os outros, porque lá... – Emanuelle, com o indicador em riste, mostrou o alto repetindo: – porque lá nos sentiríamos irmãos, fruto da árvore de Deus. Ele proporcionou-nos, para esta vivência terrena, condições de realizações propícias aos nossos entendimentos. E entre tais conhecimentos, está oferecermos oportunidades às pessoas para progredirem nos seus ideais.

Emanuelle suspirou profundamente e acrescentou:

– Meus amigos são pobres, mas possuem caráter íntegro. Nada pedem, mas me oferecem suas sinceras amizades e me mostram a realidade da vida, que se faz presente na nossa aceitação, assim como nos foi dito pelo Mestre, ao divulgar as palavras de Deus, que tudo se torna muito comum, diante do que aceitamos sobre a geração humana. Como você pode observar, papai, não é difícil compreender que nada difere entre o povo de Deus, na Terra. Nada. Não é mesmo?

A jovem cerrou os cílios, suspirou lentamente. Em

seguida os descerrou, fitou os olhos do pai, sorriu e voltou a falar, ternamente:

– Antes que me conhecesse, aquela gente modesta se omitia ante minha presença, mas, com cautela, acheguei-me a ela e me ofereci para com ela formar grupo de estudos e trabalhos manuais da faculdade, embora eu cursasse outro tipo de matéria. Mas com tal artifício eu pretendia aproximar-me e mostrar que não éramos diferentes, pois o mundo foi feito para todos se unirem. Infelizmente, existem os que ainda não assimilaram tais preceitos divinos.

A jovem voltou a silenciar e, quando o pai ensaiou dizer algo, ela o interrompeu e retornou ao assunto:

– São famílias desprovidas, carentes de ajuda, mas dotadas de grandes qualidades morais. Muitos de seus jovens, ajudados pelo Estado, preparam-se no mesmo estabelecimento onde estudo e querem vencer e adquirir dignidade social. Isso é o que mais admiro e acho importante para o progresso de suas vidas. Portanto, é com respeito que lhe peço, papai, confie neles e em mim!

João Carlos meneou a cabeça, sorrindo feliz com a filha. Nada disse, mas pensou: "Ah, minha filha, como você é especial! Esse seu sentimento de carinho para com as pessoas realmente me leva a respeitar sua conduta, mas não deixo de me preocupar. Para mim, você ainda é tão criança, que não percebe o perigo! É pura demais para dimensionar o risco que ameaça sua mocidade."

Com o coração célere, fitou-a carinhosamente e, com a destra, alisou-lhe os cabelos sedosos, dizendo:

– Filhinha, com certeza, eu confio muito em você, mas você, querida, deve estar sempre em alerta!

– Alerta, meu pai? Por quê?

– Tenho profunda admiração pelos seus atos e reconheço, a cada instante, o valor moral que possui. Tenho imensa confiança em seu discernimento. As maneiras inocentes que você traz na alma são inatas, trazidas consigo da Casa do Pai, pois Ele a criou límpida, com esse amor que se nos apresenta a todo momento.

João Carlos fez pequena pausa, olhando com ternura para a filha. Caminhou até a grande janela, fitou o jardim colorido pelas belas flores e, sem se voltar para ela, continuou:

– Sempre a respeitei como sendo um ser dadivoso, vindo do céu. Assim como sua mãe e seu irmão. Eu os recebi como um presente com que fui agraciado pelas mãos de Deus. Mas me está sendo muito difícil aceitar suas amizades, pois eu as reputo temerárias. Por que não procurar jovens de família, com o mesmo nível social a que pertencemos? Veja bem: mesmo que esses jovens, com quem você anda, lutem para alcançar algo com que possam chegar a uma vida abastada, nunca vão se aproximar do que você possui.

– Papai, não me decepcione! Sempre o admirei e o vi de maneira calorosa para com as pessoas; jamais o imaginaria com esse orgulho!

João Carlos abraçou a filha, beijou-lhe a fronte e retirou-se, deixando-a a sós na sala de recepção.

Emanuelle, vertendo lágrimas, sentou-se em um sofanete e, suspirando, pôs-se a pensar:

"– Não!... Meu pai é bom, é justo. Eu o conheço muito bem. Sei que em seu âmago há uma alma caridosa, que jamais me privaria do convívio com meus amigos prediletos. Só lhe falta compreender que tais amigos me são dignificantes. Que eles enobrecem meu espírito e que necessitam apenas de quem os ajude a obter um trabalho honrado e digno. André foi à luta e, com tenacidade e perseverança, conseguiu ingressar no corpo médico-hospitalar desta mesma cidade em que vivemos. Com certeza papai verá que o rapaz que me agrada já está conceituando-se e, num futuro não muito distante, será visto por ele de maneira que não o distinguirá da classe social que ora ostentamos."

Emanuelle ergueu-se do pequeno sofá e foi para os canteiros das flores, a fim de incensar a alma com o aroma agradável que exalava da aragem fresca ao cair da noite.

CAPÍTULO 2

João Carlos

Emmanuelle, confiante e com sentimento de quem espera o possível, acreditava na conversão das atitudes paternas em relação aos seus amigos. Tinha esperança de que o pai mudaria a opinião. Ela conhecia o grandioso espírito de João Carlos.

A jovem decidiu recolher-se aos seus aposentos, algumas horas antes que de costume, para meditar. Aproximou-se da grande vidraça, ergueu os olhos para o céu, voltou em seguida, fitando as flores, e agradeceu pelas maravilhas criadas por Deus. Sorriu, meneou a cabeça, como se contemplasse a presença de Deus em toda a natureza. Com voz calma e quase em sussurro, falou consigo mesma:

– Não posso concordar com as atitudes de papai em relação aos meus estimados amigos. Confio em vós, ó Pai! Ajudai-me a mostrar a ele a nossa união verdadeira na Terra! Não somos todos vossos filhos? Não fomos criados iguais, não obstante nossa vontade própria? Mas gostaria, ó meu Deus, que meu pai entendesse vossa vontade! Sabei, Senhor, que além de amar meus companheiros, tenho carinho especial por André. Eu o amo ternamente, embora saiba que tal sentimento será repugnado por meus pais.

Insone, a moça desceu as escadarias e dirigiu-se para uma aconchegante sala, cuidadosamente organizada para reflexões espirituais e reuniões sociais, onde se saboreavam bons licores e agradava-se a alma com músicas clássicas. Às vezes, deleitavam-se com a harmonia das canções executadas pelas mãos de Emanuelle. A suavidade musical que a jovem apresentava causava êxtase e transporte espiritual dos ouvintes ao encontro da quietude em um mundo prazeroso, que não a Terra.

Naquela noite, Emanuelle executava em especial, para si mesma, uma composição poética que exprimia amor mavioso e compassivo à sua alma apaixonada. Era compatível com sua sensibilidade, pois muito frequente ela se compadecia das dificuldades dos amigos, para aliviar os tormentos das famílias. Além desta solidariedade, ela amava André, embora soubesse da rejeição que adviria dos pais, mormente porque seu escolhido era de tez escura e descendência plebeia. Naquele êxtase reflexivo, foram tão intensos o amor e a saudade por André que, sem perceber, seus lábios produziram um som brando e agradável aos ouvidos. Dava a entender que ela entoava louvor às Alturas, como numa prece para sagração a Deus, a fim de que no porvir seus amigos viessem a alcançar vida promissora. Emanuelle punha todo amor naquele som melodioso.

João Carlos, repousando em seu quarto, ouvia, emocionado. A voz suave da menina transmitia-lhe afeto e carinho. Com pensamento amoroso, entre suspiro, puxou-a na memória:

"– Ah, filha, eu a amo demais! Deus é testemunha de como lhe desejo, profundamente, o melhor de que se possa servir para esta vida que o Pai nos proporcionou. Quero que seja imensamente feliz e tenha alegria, mas não posso conceber esse mundo marginal pelo qual você está propendendo. Esse convívio nos distanciará. Ah, Emanuelle! Afaste-se dessa gente! Não por nós, a família, mas por nossa casta! Sem que queiramos, somos vaidosos e preconceituosos e precisamos do envolvimento social. Somos muito influentes no mundo da massa capitalista e não podemos nos expor contrários aos hábitos sociais de nossa vivência, que cultivei com esmero e preservei a cada dia."

João Carlos não conseguiu conciliar o sono. Sua mente estava preocupada, ao mesmo tempo em que se condenava, em tom inaudível, como se quisesse ocultar-se de outras pessoas:

"– Perdoe-me, Pai, estou errado, eu o sei, mas como dirigir minha fortuna, permitindo em minha casa pessoas descaracterizadas pela sociedade? Como recepcionar nobres empresários em minha residência? Vós sabeis, meu Pai, que em meu íntimo estão perpetuados os hábitos da prática do bem, semelhantes aos de Emanuelle, mas necessito preservar-me de certas companhias. Rogo que estejais sempre comigo."

O pai de Emanuelle também sofria. O amor que sentia pela filha era imenso e, por este sentimento, ele se via com o dever de dar proteção a ela. Não percebia que estava pondo em risco a vida da filha querida. Amar demais é prejudicial.

Muitas vezes, não notamos que o amor demasiado pode prejudicar a pessoa amada. Fazemos deste sentimento, sem notarmos, um objeto de posse. Vinculamos o ente querido a um proveito dominante, como procedemos com as coisas materiais de que podemos manipular. Esquecemos que nosso semelhante tem vida própria e o transformamos em implemento de valor utilitário, que convém ao nosso bel prazer. Não procedendo com a razão, às vezes o conduzimos para um futuro de dores e sofrimentos.
Mas retornemos aos fatos históricos da família.

Suspirando, João Carlos ergueu-se do leito em que repousava e saiu à procura da esposa. Ela reproduzia na tela seu grandioso sentimento. Na obra pictórica, revelava o que realmente trazia em sua alma maviosa. A beleza estampada na tela envolveria os corações dos admiradores, causando-lhes sensação de imenso enlevo. João Carlos fixava a visão naquela obra-prima, sentindo-se acima de tudo que estava em sua volta. Antes de pronunciar qualquer palavra, o companheiro de Susana permaneceu em silêncio, estático, observando maravilhado a criatividade e o zelo com que a mulher movia o pincel na tela.

A pictórica reprodução levava João Carlos a sentir-se diante de uma realidade celestial. Ele se via em um belíssimo recanto para o amor. Um lugar aconchegante, com árvores adornadas de flores e uma cachoeira. Um véu alvo e transparente formava um arco com matizes luminosos sobre o remanso formado pela abundância de água que despencava do alto das pedras. Lindas flores, pequenos animais sobre um gramado verdolengo, aves voejando no céu azulado compunham a paisagem reproduzida no quadro, como se a natureza houvesse sido ali avigorada pelas mãos de Susana.

Emocionado, João Carlos suspirou, pensando que tudo aquilo poderia ser verdadeiro para que ele e Susana pudessem usufruir daquela maravilha. Despertando do arrebatamento, com os olhos marejando, aproximou-se bem do ouvido da mulher e falou carinhosamente:

– Essa esplendorosa obra de arte jamais se apagará de minha imaginação. Sinto-me deveras enobrecido com tamanha grandeza. Você é realmente uma divindade inspiradora; uma deusa descida do paraíso para me fazer feliz.

Suspirou, profundamente, envolveu-a nos braços, beijou-lhe os cabelos, alisou carinhosamente suas faces e voltou a dizer:

– Susana, eu me rendo ante esse sentimento intenso de bondade que você traz em sua alma, ante essa graça natural e esse dom divino com que você foi agraciada por Deus. Eu te amo. Você me faz feliz.

João Carlos suspirou, denotando alegria. E lembrou-se de que fora ao encontro da mulher para falar sobre a filha. Com voz calma, disse:

– Céus! Até ia esquecendo-me do motivo pelo qual estou aqui! Vim falar sobre nossa filha. Agora sei de onde vieram as primorosas qualidades de Emanuelle. Ela as herdou de você, querida! Agora entendo o porquê do modo de agir com aqueles que ela deseja ajudar. Como vocês me proporcionam tanto bem! Como amo vocês!

Com passo cadenciado e sorrindo, aproximou-se da janela que dava acesso a uma parte de onde se via o encontro do infinito com a Terra. Ele fixou o olhar e, pela primeira vez, contemplou a beleza da natureza. O Sol estava avermelhado ao iniciar do crepúsculo. Naquele momento, o céu ainda estava descoberto, porque a nuvem invernosa se dispersara por alguns instantes, improvisando-se um espetáculo celeste encantador. O genitor de Emanuelle aproximou-se da esposa, segurou-lhe a destra, cingiu-a com os braços, beijou-lhe suavemente os lábios e disse com ternura:

– Agradeço a Deus por me haver agraciado com essas gloriosas vantagens. Tenho uma mulher e dois filhos que me fazem sentir privilegiado. Há pouco, nossa filha encantou-me com delicada e harmoniosa melodia; agradou-me não só o ouvido, mas comoveu-me também a alma. Agora, você se me revela com essa indizível ternura, com esse sentimento puro, com tal amor que me completa a paz, que me tranquiliza, propiciando-me aprazíveis momentos. Ah, Susana, Susana! Essa radiosa beleza você a recebeu da criação do Senhor. Você, realmente, me faz muito feliz.

Susana fixou os olhos no marido que a mimava, sorriu, acariciou-lhe todo o rosto amado e, com voz afetiva, retribuiu:

– Eu o faço pensando no amor! Só no amor por você, por nossos filhos e por todas as criaturas de Deus. Se meu trabalho agrada os olhos de quem o contempla, talvez seja porque nele evidencio meu afeto, meu zelo e minha fidelidade, sobretudo por você e por nossos filhos.

Susana suspirou carinhosamente, de olhos cerrados, como se pretendesse ser afagada pelas mãos do marido. Mas ela é que, com os dedos, roçava os grisalhos cabelos de João Carlos.

O amoroso cônjuge aconchegou-a ao peito e osculou-lhe os lábios, enlevado de amor. Segurou a destra delicada de Susana e a fez sentar-se, ao seu lado, em um pequeno sofá, que a pintora utilizava para repousar, quando se sentisse exausta. Denotando paz no olhar, João Carlos comentou o que havia conversado com a filha. Com o coração a pulsar forte, evidenciou sua preocupação:

– Você não acha comprometedora tal amizade? Ela denota grande apreço por esses jovens e eu penso não ser de bom alvitre! Não vislumbro benefício algum para que Emanuelle insista em manter tal relacionamento com essa gente. Ela se respalda na alegação de que há reciprocidade de afeto sincero e de que são bons e honestos! Mas quem nos garante que não estejam interessados em sua origem e em seus bens materiais? Susana, minha amada, não acha que devemos nos acautelar e afastá-la imediatamente dessas amizades inconvenientes? Nossa filha ainda é imatura para perceber que a convivência com pessoas que não sejam do nosso nível é desastrosa para nós. Concordo até que ela possa ajudá-los! Mas organizar grupo de estudos, frequentar ambientes triviais, conviver com plebe desprovida de educação e de condições financeiras? Não..., não é de meu agrado esse tipo de companheirismo. E você, o que pensa de tudo isso?

Susana ouvia e, no olhar, denotava a tranquilidade de quem sentia o dever de preservar a educação da filha, mas entendia que sua menina possuía idênticos traços de modéstia, veneração e simplicidade, que alguns distinguiam em seu caráter humilde e que lhe impunham o desejo de estar ao lado de gente desfavorecida. Então ela fitou os olhos do companheiro, colocando carinho na voz e respondeu:

– Sim! Sua preocupação tem fundamento! Mas, querido, você sabe que também me sinto bem ao lado dessa gente? Ela me harmoniza a alma. São pessoas simples, que me comovem e eu transmuto a emoção para minhas telas a fim de sugestionar os insensíveis ao sofrimento alheio. Se, com eles, você convivesse, saberia compreender as atitudes de nossa menina. São pessoas de caráter, sabem amar com clareza e, com eles, sinto-me identificar com o que é belo e natural. Os humildes são a própria natureza, são os escolhidos por Deus, pois a eles está reservado o reino do céu.

– Não a compreendo! – ripostou João Carlos, acrescentando: – Muito me desagrada essa sua atitude! Imaginou nossa filha estar ouvindo o que você está dizendo? Susana, o que se passa com você? Estou desapontado! Pode haver nessa sua lista alguém que seja bom, honesto, mas não deixa de ser perigoso! Aliás, os pobres, necessitados, podem ser violentos! E como está existindo intimidação moral em nosso Brasil!

Susana argumentou:

– Acredito! É certo que existe bastante violência, mas há os que desejam paz, amor e sabedoria! Só que, infelizmente, não encontram solidariedade em que se possam apoiar para se tornarem aptos. Aliás, não raro, são discriminados por preconceituosos, a despeito de não serem maus. Trata-se de gente sofrida, desprovida de oportunidades, para dar seguimento aos seus progressos. E creia, querido, são amados por seus familiares, assim como o são nossos filhos. Agora pergunto a você: como diz que desconhece a admiração que tenho pelos que lutam pela vida e nada conseguem? Como pôde dizer-me, há poucos instantes, que meus trabalhos na tela lhe transmitem paz? Pois então, querido, nas imagens pitorescas que desenho eu enfoco toda a minha admiração por esse povo que tem vida simplória e que você quer discriminar. Por ele destaco todo meu afeto e meu respeito. Ao apreciar meu trabalho, não se manifestou tal evidência para você? Se isso você não percebeu, por favor, não se diga encantado com minha arte. Digo-lhe mais, minha alma faz parte daquele mundo de humildade. Meus privilégios da vida atual se devem ao fato de haver nascido em berço de ouro, ao ensejo desta vida.

Susana cerrou os olhos e ficou em silêncio por alguns segundos. Suspirou profundamente e retornou ao assunto:

– João Carlos, quando da sua juventude, você não conviveu com amigos simples? Recordo-me que, ainda que eu houvesse herdado bens de meu pai, você muito trabalhou para conquistar essa posição de grande empresário, que hoje você ostenta. Não seriam estes jovens, também, pessoas dinâmicas como você, que alcançarão os sonhados objetivos? Atingirão ideais e conseguirão êxito em conquistas através de seus próprios esforços? João Carlos, nossa filha não os estaria protegendo contra a discriminação que se lhes impõem na faculdade, que lhes desafia a natureza e insulta a moral? Talvez ela não esteja senão lhes proporcionando forças para o espírito, a fim de não se abaterem!

Susana fitou João Carlos, acariciou-lhe o rosto, osculou-lhe a fronte e, sorrindo, prosseguiu:

– Fique tranquilo, querido, porque, embora eu pense dessa maneira, falarei com Emanuelle e direi a ela de nossa preocupação com respeito a essas amizades. Pedir-lhe-ei que se afaste, mas, saiba, meu querido, que estarei contrariando meus princípios morais.

Ela ergueu-se do sofanete, deixando o marido conturbado, em busca de consenso sobre o que acabara de ouvir.

João Carlos não concebia a razão pela qual a esposa intentava justificar o vínculo afetivo que levava a filha a unir-se àqueles jovens de comportamento discordante, sobretudo porque ela desconsiderava o conceito nobre de que sua família desfrutava. Sua alma estava em conflito. A esposa deveria estar delirando, ao consentir que Emanuelle se ligasse com a plebe. Ele sabia que, no íntimo de Susana, existia inexorável bondade, pois ela era deveras atenciosa com as pessoas necessitadas, mas não devia ser a ponto de entregar-lhes sua filha.

João Carlos era dotado de extremas qualidades: bom, refinado e de firmeza moral. Mas suas conquistas materiais o conduziram para a jactância, a desairosa vaidade, o irretorquível orgulho, a imponência, a arrogância, um mundo restrito à ostentação. Por isso, sua mente estava dominada pelo ímpeto de cercear a liberdade da filha, impondo-lhe que se privasse de relação amistosa com os jovens plebeus. Ainda que certo sentimento de pena lhe incomodasse o espírito, ele entendia que se tornavam determinantes tais medidas proibitivas, pois precisava resguardar sua cultura e seus interesses empresariais de alto nível, que geravam elevados lucros, enquanto que o indesejável convívio da menina poderia vir a comprometê-lo.

Mas a bondade íntima de João Carlos repelia sua vontade impetuosa e lhe censurava a mente:

"– Não mostro para os olhos das pessoas o que sou realmente. Minha alma reclama amizade e amor para com todas as pessoas, mas meu orgulho teima que eu deva negar-me à aceitação desses desprovidos de privilégios."

Cerrou os cílios, suspirou e continuou pensando:

"– Todavia, dissimuladamente, já faço minhas boas ações. Para isso, mandarei investigar a vida pregressa de cada amigo de Emanuelle e, se se comprovar que tenham passado lícito, eu os ajudarei até alcançarem seus objetivos na formação de nível superior. Porém, exigirei que haja fim dessa relação entre Emanuelle e eles. Não posso admitir tal vinculação amistosa."

João Carlos era cuidadoso, em especial com os anciães, mormente quando lhes grassavam a debilidade física e a insensibilidade mental. Ele interrompeu o pensamento e, quando duas grossas lágrimas lhe desciam pelas faces, ele as enxugou imediatamente, precavendo-se de não ser surpreendido naquele estado emotivo, e retornou ao pensamento:

"– Não sei como é a vida dessa gente, mas, posso imaginá-la. Meus antepassados viveram os reveses da fortuna, até que me tornei jovem, com imbatível desejo de poder, e cheguei à riqueza. Não discordo do que Susana me fez recordar a respeito da fortuna herdada de seus pais, e de que ela me ajudou a chegar ao sucesso empresarial, mas eu soube ser bom administrador e era ciente de minhas intenções familiares. Não desconsidero a ajuda que me prestou a herança de minha esposa, mas muito me empenhei para alcançar este nível. Escravizei meu corpo na luta e nos trabalhos que me oferecessem oportunidades de galgar os degraus do sucesso que hoje tenho. E é justamente isso que pretendo para os amigos de minha filha. Então, verei se realmente existem boas intenções e coragem para que possam levar avante este impulso."

Faltou a João Carlos imaginar que os amigos de sua filha também não escravizavam somente o corpo como ele, mas o cérebro, visando ao sucesso assim como ele o fez. Mas denotando certo constrangimento no olhar, ocorreram-lhe alguns instantes de reflexão com que se penitenciou:

"– Ponderando meu passado, eu não deveria menosprezar esses moços. Não foi através de muita luta que atingi meu objetivo? Não é isso que estão fazendo? Ora... não precisam senão de incentivo. E é isso que Emanuelle está fazendo! Mas minha preocupação está em que ela é tão jovem, bela e rica. Isso não a poderia expor ao risco de ser enganada pelos que pretendem usufruir de tais privilégios? E se ela vier a se apaixonar por um deles? Não, meu Deus! Não permita que isso aconteça! Como devo agir para evitá-lo? Já me sinto derrotado, só de pensar! Eu, que sempre me orgulhei de mim mesmo, achando-me senhor de tudo! Agora, diante deste problema, que Susana reputa insignificante, estou sentindo-me impotente para solucioná-lo!"

João Carlos concluiu que o momento não seria oportuno para oferecer ajuda financeira àquela deserdada gente, que se fazia forte para subir os degraus da fama. Então ele refletia:

"– Não! Não posso oferecer dinheiro! Deixaria Emanuelle desapontada e correria o risco de perder o afeto de minha filha. Ela provavelmente acharia humilhante para eles que se empenham em atingir sucesso com seus próprios méritos. Se é que ela não esteja enganada! Se forem honestos, como diz Emanuelle, não aceitarão minha demão e, neste caso, minha amada filha não me perdoará. Não! Não quero correr esse risco. Nada farei, senão articular um meio coerente para afastá-la deste indesejável convívio."

O conturbado pai fixou em sua mente que Emanuelle poderia ser conduzida para caminhos tortuosos, de onde não haveria como retornar para sua nobreza, abdicando-se daquele mundo que não lhe pertencia, em que manchava sua reputação. Temia pelo destino e pelo futuro da filha. Imaginava a dor que sobreviria caso ela se obstinasse naquelas companhias. E quem lhe garantia que elas não a estariam seduzindo para uma dependência perigosa?

Susana era diferente, não se preocupava tanto. Em seu coração residia o amor e não cedia espaço para pensamentos ruidosos. Seu espírito era amável, dócil e desprovido de julgamento crítico, pois conhecia muito bem a filha e achava que melhor seria apoiar, a opor-se a suas amizades. Assim, estariam permanentemente ao seu lado, oferecendo proteção e, além disso, ajudariam os jovens a levar avante seus ideais. Ser pobre não a assustava. Mas era necessário que ela se adaptasse aos hábitos do esposo, ainda que contrariasse sua vontade própria, pois ela era fiel ao companheiro, mormente quando envolvessem questões sobre a harmonia conjugal.

Emanuelle comentava com a mãe, com carinho, a ambição dos amigos; o desejo de alcançarem a glória por eles mesmos. Falava do esforço de cada um para se ajustar à vida, enfatizava os comentários insensatos nos meios universitários. Nada ocultava da mãe. Fazia questão de não esconder de Susana seus encontros com os jovens e a ela mostrar seu desejo de favorecê-los com sua amizade. Amava o pai e tinha muito orgulho dele por ter sido ele um homem que lutou e venceu. Queria que aqueles afeiçoados chegassem ao brilho, como seu pai.

Contudo, Susana se preocupava e preferia que a filha não alimentasse tanta consideração pela solidariedade do genitor, de vez que ele não simpatizava com aquela gente. Ademais, ela também opinava que a jovem não deveria compartilhar os estudos dos amigos, com a intensidade que vinha fazendo, pois ela se habituara a se reunir assiduamente na casa de um deles para ministrar-lhes ensinamentos. Embora não se ocupasse do mesmo curso, ela usava sábias explicações, pois era assaz inteligente e curiosa.

Por tal dedicação é que Susana temia que em sua filha grassasse sentimento por um deles... E foi o que aconteceu, pois Emanuelle já estava apaixonada por André. Ele tinha cútis escura. Mas céus! Que tinha isso a ver com o amor? A cor da pele e o sangue não configuravam óbice algum. Para Emanuelle não importava a raça ou a cor, o sentimento que os ligava é que era importante. Seus pais deviam orgulhar-se do jovem, porque era estudioso e tinha alma elevada e virtuosa.

André havia optado por especializar-se em neurologia, destacando-se ao lado de outros renomados médicos. Além disso, o clínico integrou-se com especial carinho em determinada ação benéfica que cuidava da libertação de dependentes químicos.

Ainda que houvesse o constrangimento dos genitores, Emanuelle se obstinava em se reunir com o grupo de amigos para estudos, assim como em frequentar ambientes de festas noturnas.

A contumácia paterna não era suficiente para demover a moça das indesejáveis amizades.

João Carlos intentava, com blandície, persuadir a filha de que aquele não era o mundo a que ela pertencia.

Emanuelle replicava, magoada:

– Não me aprazem suas maneiras hostis de censurar essa gente humilde com que me afeiçoo, papai! Eu sempre o admirei! Jamais pude imaginá-lo com tais sentimentos de ousadia em relação aos humildes. Muito me dói, porque sei como vocês chegaram a esta vida privilegiada. Assim como o senhor lutou, outros têm idêntico direito. Meus amigos, meu pai, não esmolam. Não estão em sua porta pedindo. Eles querem é chegar a uma vida honrada e sentirem orgulho do que foram capazes. Eu peço-lhe que seja mais sensato para com meus amigos, pois são dignos de reconsideração. Seu comportamento, meu pai, não me enobrece; ao contrário, acho-o arrogante. Perdoe-me, pois sei que estou faltando-lhe com o respeito, mas as circunstâncias me obrigam.

A filha de João Carlos chorava com a cabeça inclinada no ombro paterno, em face da dor que a feria com desprezo. Com o coração contristado, voltou a falar em soluços:

– O senhor me decepciona! Como preconceber a vida de pessoas que nada lhe pedem, sendo que necessitam é de apoio? Eles não querem senão ser aceitos como são realmente. Querem ser vistos como pessoas edificadas no saber, na luta e na moral.

Emanuelle suspirou profundo e, com o coração célere, ousou dizer, com voz quase inaudível:

– Amo um deles. Chama-se André e é formado em

neurologia. Distingue-se por suas qualidades apreciadas pelos professores e pelo reitor. Estou informando-lhe de minha paixão por André, e digo mais: não se trata de simples inclinação passageira ou sentimento que incita instantes de intensa aceleração no espírito e ofusca a razão, deixando incontrolável o coração; é amor de verdade! É amor de forte afinidade, com zelo, dedicação e respeito mútuo! Eu amo André! Com ou sem seu consentimento, vou amá-lo sempre! E ele é de tez negra.

João Carlos acometeu-se de grande calafrio. Sentiu-se traído pela filha, e não merecia. Tal revelação foi, para ele, inesperada sentença de morte. Então refletiu:

"– Ah, Pai! Onde foi que errei? Tenho que tomar imediatas e drásticas providências. Minha filha não deve se encontrar mais com esse rapaz. Não permitirei que ela saia sozinha de casa. Quando quiser ir a algum lugar, haverá de ser em nossa companhia. Até à faculdade eu a conduzirei. Estarei sempre presente e não lhe permitirei espaço para que se encontre com essa ignóbil casta. Em caso de teimosia, eu a mandarei para viver com o irmão no exterior."

A partir daquele dia, foram cerceadas as visitas da pobre criatura aos seus amigos. Não havia qualquer meio de se comunicar com eles, tal foi o cerceamento que lhe foi imposto. Ela queria falar com André e pedir-lhe que aguardasse, com paciência, pois ela conseguiria baldar a vigilância dos pais. Mas não lhe foi possível.

Os meses decorriam na completa solidão. Emanuelle se mantinha submissa às ordens dos pais, sobretudo porque sua educação jamais lhe permitira arrostá-los. Seus passeios passaram a ser somente em companhia de rapazes e moças previamente selecionados por seus pais; eles também geralmente a acompanhavam para evitar ocasional encontro com André. Os jovens de sua classe social eram, para ela, enfatuados, envaidecidos e presunçosos. Emanuelle não os suportava.

Entre os escolhidos de João Carlos, havia ricos e insolentes que faziam discreto uso de drogas.

Para suportar a vida de hábitos conflitantes com os seus, por obediência aos pais, ela se perverteu, unindo-se aos indesejáveis amigos e se entregou ao uso dos alucinógenos. Então, aconteceu o que o pai temia: sujeição a imenso risco de prejuízo em seus negócios, além de lhes sobrevirem repercussões desagradáveis.

O comportamento da filha degenerou-se. Ocorreu o contrário do que os genitores desejavam. Emanuelle depravou-se; não mais os obedecia e os arrostava com desaforada rudeza.

Aparentemente, havia se tornado desumana e manipulada por interferências malfazejas. Abdicou de sua espontaneidade amorosa e passou a ser rude, agressiva, como se em sua natureza não houvesse tido refinada educação. Parecia que a luz que a guiava na Terra havia se apagado e ela passara a viver nas trevas. Seu berço natal se extinguira.

Emanuelle não mais era cortejada como princesa do lar. Deixou de ser estrela enviada à Terra para refletir luz e encantar a natureza que pacificava a criação de Deus. Já não cultivava a compreensão, a aceitação e o consenso familiar.

Certa feita, Emanuelle quase se destruiu em afogamento. Converteu, enfim, a certeza do bem em sofrimento profundo.

Renunciou às suas aspirações universitárias e embrenhou-se em tortuosos caminhos.

Pais, saibam compreender seus filhos! Deem-lhes mais atenção! Ofereçam-lhes mais amor! Abram-lhes espaço para confidências e tenham espírito de complacência para com eles!

Procurem avaliar a luz que vocês trazem em suas almas e deixem penetrar o amor, porque ele fala a língua dos anjos, mostrando sentimento puro e elevado. Evitem que um sentimento impuro possa conduzir seus queridos filhos para profundezas maléficas, como aconteceu a Emanuelle.

Antes que os fira, estude a alma dos parceiros escolhidos por eles e proporcione-lhes apoio satisfatório. O amor vem de Deus e não do nada. Aprimorem suas próprias almas e confiem mais no Criador, pois Ele nos contempla com as virtudes de amar e confiar.

CAPÍTULO 3

Susana

Dezoito meses se passaram. Chegara a primavera. Era domingo. O alvorejar ameno prometia paz radiosa e suave, deleitando as almas asserenadas. Mas, para Emanuelle, nada mais havia com que se deleitasse. Tudo estava esmaecido, enevoado. Seu espírito enxergava de maneira sombria e não permitia a passagem da luz celeste. A beleza do descortinar da manhã não lhe causava sensações aprazíveis, embora a natureza fosse envolvente, salutar e convidativa para caminhar e absorver o aroma que era bálsamo para sua alma.

As árvores estavam como Emanuelle gostava de vê-las. A florada rejubilava o doce recanto que lembrava o pretérito em que a jovem falava amorosamente com a natureza divina. Os pássaros pareciam querer despertá-la para retornar àqueles harmoniosos momentos que ela tanto amava, repletos de beleza, de suavidade, mas ela estava em completa indigência. Vagava, abstraída, de um lado a outro, como se nada existisse em sua volta.

Emanuelle não se comprazia com a companhia dos amigos escolhidos pelo pai, mas se reunia com eles porque sentia necessidade de se drogar. A substância alucinógena aos poucos a submetia a um comportamento de manifestação impaciente e, não raro, à alucinação. Seu tempo, que antes era precioso, dedicado aos estudos, passou a ser consumido insensatamente com a dependência dos entorpecentes que lhe deixavam em estado de torpor e de apatia moral. Emanuelle, aos poucos, perdia a luminosidade da inteligência e a vitalidade física.

João Carlos e Susana, embora tardiamente percebessem, tentavam, por todos os meios, trazer de volta a filha querida para a realidade da vida em família. Desesperados, se culpavam de haver conduzido a filha para o caminho tortuoso. João Carlos tentava desfazer-se do orgulho e dominar seu coração para a prática do bem, a fim de corrigir o mal de que se culpava. Ora caminhava sem rumo, como pássaro desaninhado, ora saía à procura do jovem André. Pretendia humilhar-se pedindo ao moço que o perdoasse e libertasse sua Emanuelle da dependência que a destruía aos poucos. Retornava à casa, desconsolado, abatido e sem esperança. Estirava o corpo no leito e chorava com desespero.

Susana, ainda que sofresse, encontrava forças a fim de contribuir para apaziguar a aflição do companheiro. Impondo serenidade na voz, sentada ao lado dele, alisava-lhe os cabelos em desalinho, aconselhando:

– Meu querido, não se submeta a essa tortura. Por

Deus, meu amor! Busque equilíbrio no íntimo e atente para a realidade. Vitalize sua vontade e a faça superior a esse incômodo martírio. Você era tão amigo! Proporcionava alegria ao nosso lar, propiciou-nos tanto bem, sobretudo à nossa filha!

Cabisbaixo, arrependido, o esposo de Susana mantinha-se taciturno e continuava distante, em pensamentos que o debilitavam. A conselheira, com o coração contristado, com a alma dorida, insistia:

– Ah, João Carlos, querido! Não é dessa maneira que você conseguirá aliviar essa inquietação que incomoda seu espírito. Essa prostração moral não o levará a nada. Não é assim que se deve proceder! Não é agindo desse modo que vai eliminar a gravidade dessa culpa a que se submete. Se bem que não vejo algo que venha resultar em algum mal pelo qual você deva culpar-se. Você apenas tentou livrar nossa filha de uma situação que julgava ameaçadora à nossa integridade.

– Sim! Até que vejo em você uma pontinha de razão – atalhou João Carlos, amargurado e decepcionado consigo mesmo –, mas minha proibição é que a está conduzindo para uma estrada que a desviará de sua realização. Eu a empurrei para a trilha do mal que se lhe tornou sem limite. Susana, querida, que fiz de nossa filha!? Como agir para tirá-la desse tortuoso caminho sem rumo? O que fazer para que ela se recupere? Esse estado desastroso que a está destruindo, destrói muito mais a mim. Não houvesse minha imposição, talvez nada disso ocorresse. Eu sou o causador desse aborrecimento em nossa casa. Dói-me! Mas não consigo repará-lo!

– O que fez querido, foi pensando na reputação de Emanuelle – considerou a esposa.

– Pois que se danem o renome e a fama nesta vida, se tudo nos é proibido! Olhe o que fizemos com nossa amada filha! Destruímos sua autoestima e seu sentimento de afeição pelas pessoas. Susana, não é possível que nada perceba! Não percebe o sofrimento de Emanuelle e que ele se deve ao meu orgulho? Olhe o estado a que submeti minha adorada filha! Como posso ter paz e me consolar diante de evidente sofrimento?

– Você não agiu pensando em mal algum! – exclamou Susana, suspirando, profundamente.

E segurando a destra amada, continuou:

– Ah, meu querido! Às vezes pareço distante de tudo, como se nada existisse, mas a realidade é que tudo está configurado em minha mente.

Ela silenciou por instantes, observando o marido. Ao cabo de alguns segundos, com ternura, retornou ao assunto:

– Eu o amo tanto, João Carlos! Tudo que faz não é segredado, pois traz em sua alma um sentimento de grande afeição pelas coisas naturais... E Emanuelle é uma delas. Nada faria que a viesse prejudicar.

Com intrepidez, João Carlos replicou:

– Como não, se sua vida está arruinada por tantos sofrimentos que lhe causei? Susana, eu errei! Eu errei!

– João Carlos, eu também tenho boa parcela de culpa! Eu tinha conhecimento do desencanto de nossa filha pela vida que primávamos para ela, quando a compelimos a estar ao lado desses filhos de famílias importantes. Mas não considerávamos que eram jovens extrovertidos e antissociais. E como poderíamos supor que eram inclinados a hábitos avessos à sociedade? Errei também, querido, pois guardei minhas desconfianças em sigilo. Por vezes cheguei à porta de seu gabinete a fim de pô-lo a par de meus temores, antes que se consumassem! Mas, infelizmente, você se encontrava em animadas conversas com nosso filho, ora sobre negócios, ora sobre instruções a agentes. Então eu retornava para o ateliê, porque não queria aborrecê-lo com minhas preocupações talvez inexatas. Aliás, não me ocorria convicção de que Emanuelle estaria indo ao encontro desse tortuoso caminho.

Susana puxou a respiração com força, sentindo o espírito conturbado. Em seus olhos brotaram lágrimas. Cerrando os cílios, ela voltou a dialogar com o marido, que a ouvia em silêncio:

– Certa feita, me detive à porta de seu gabinete e, quando ia adentrá-lo, o ouvi dizer ao telefone que obtivessem informações sobre determinada família indigente e que não deixassem faltar nada a ela, em especial ao pobre chefe da casa, por estar sendo atendido em hospital particular às suas expensas. Então entendi inoportuna a revelação que pretendia, ainda porque me veio à mente que nada de ruim haveria de acontecer à nossa filha, escudada que era por sua alma maravilhosa. Mas ouso dizer que sofremos por não compreendermos que as vicissitudes desta vida refletem o que realmente praticamos nas existências pretéritas. Nós nos enganamos quando atribuímos as atuais aflições à nossa imprevidência unicamente nesta existência. As dores e sofrimentos nós os trazemos também de outras existências em que praticamos o mal. Se assim não fosse, não estaríamos experimentando tanta amargura, porque nossas ações presentes estão voltadas para o amor e a caridade. Mas podemos nos redimir, caso queiramos aceitar as expiações atuais como resultantes de vidas pregressas que estamos desprezando. Ó, João Carlos, tentemos reexaminar nossas atitudes, para o bem de nossa filha e nosso. Em se concebendo a união de Emanuelle com o jovem André, eliminaremos de vez esse lamentável conflito e, então, vê-la-emos feliz e livre dessa dependência química.

– Será que você não percebe que o desvio de nossa vivência já se deve a um erro? – bradou João Carlos.

– Não! Não é um erro! É a remissão de nossas vidas. É a liberdade de Emanuelle! Ela tem o direito de seguir o mandato do céu a ela designado para ser cumprido na Terra. Você é que não quer enxergar essa verdade.

João Carlos cerrou os cílios, dando vazão às grossas lágrimas que lhe percorriam as faces amareladas. Susana apiedou-se. Com a destra, acariciou os cabelos do companheiro. Beijou-lhe a fronte e sussurrou-lhe ao ouvido:

– João Carlos, não se mortifique. Ao invés, retome suas atividades administrativas e recomece as negociações. Obstinando-se nesse esmorecimento em que se encontra, como agirá com suas ações caritativas? Certamente abandonará seus protegidos! Você, meu amor, há de perseverar com seu altruísmo que ampara essa gente. Não se deixe definhar na vida. Erga a moral que sempre o acompanhou e não a deixe quedar-se como se houvesse um jugo forte sobre seus ombros! Você sabe que isso não é verdade! Continue amparando as pessoas necessitadas, pois a caridade atenua o peso de sua cruz. Não se culpe por momentos de fracassos em sua vivência de agora! Podemos, com certeza, aliviar o ônus da incumbência que nos foi legada por Deus, mas não será senão através de benefícios prestados aos outros e alguns sacrifícios para nós. Isso será aceito pelas alturas, não pela quantificação, mas pelo que trazemos no coração. Aí sim, alcançaremos méritos para abrandar nossas penas na vida terrena. Portanto, querido, continue fazendo o bem a outrem, assim, talvez poderá trazer de volta nossa menina à vida real.

Susana, naquele momento, sentiu que suas forças também se arrefeciam. Então, segurou a destra de João Carlos, e, com os olhos marejando, entregou-se ao pensamento:

"– Meu Deus! Ofertai-me, pelo Vosso amor, a força necessária para que eu não me venha inabilitar e me impedir de chegar próximo de Vós. Sinto alterar meu estado de espírito, impedindo-me de auxiliar meu companheiro nessa batalha e de encontrarmos plausível solução para livrar nossa filha do poder das drogas. Esse caminho que leva à tortura. Minha vontade, Senhor, o real desejo de apaziguar espíritos sofridos através das telas, começa a dissipar-se de minha alma e meus sentimentos parecem apagar de minha natureza íntima. Minha mente grita em súplicas que tento abafar, para não desorientar João Carlos, para que Emanuelle seja afastada dos jovens desprovidos de luxo."

Susana soltou a destra do marido e retirou-se do aposento. Ele nem percebeu, tal o abatimento de sua alma. Ela, da mesma forma, encontrava-se debilitada; vagava pelos corredores da casa como se houvesse sido condenada ao martírio. Interrompeu os passos ao chegar ao umbral da grande sala. Cerrou as pálpebras, querendo que tudo se desvanecesse de seu cérebro. Lágrimas percorreram aleatoriamente seu rosto e ela, com a mão esquerda, as enxugou, propondo que ela mesma acreditasse estar tudo certo. Suspirou profundamente, voltando ao pensamento:

"– Ah, céus! Onde estará meu ânimo, minha capacidade, minha força moral!? Meu espírito, que acompanhou este corpo carnal até aqui, parece não mais querer responder por minha existência! É como se houvesse retornado para o mundo latente, ressentido, a ponto de não querer influenciar o percorrer de meu destino! Essa estrada de angústia, de desespero, aparenta-me abandono do céu. Que fazer, Pai? Que fazer?"

Com a alma atordoada, saiu caminhando pelo enorme terreno ajardinado, que tempos atrás ela contemplava como majestosa pintura de Deus, porque lhe configurava maravilhoso cenário natural. Naquele exato momento, porém, ela o via como lastimável desenlace entre a Terra e o infinito. Não mais encontrou inspiração para oferecer aos admiradores de sua arte, o panorama da beleza universal.

Andou com passos vagarosos por entre as árvores floridas. O aroma suave trouxe-lhe recordações de Emanuelle. Então, com amor, suplicou a Deus, desta vez com brando soluço, acompanhado de reclamação:

"– Ó, Senhor! Sinto-me como se estivesse sendo queimada em braseiros incandescentes. Vejo-me arrastando para mundos que não este em que vivo. Ó, Pai, isso não pode ser justo! Minha filha obedecia a ensinamentos da escritura sagrada e se fazia pura, de alma dócil; agora se destrói, chafurdando-se no vício das drogas. É como se estivéssemos bracejando contra águas caudalosas que nos arrastam para o precipício; e não estamos encontrando forças para nos salvar."

Susana estava sentindo-se magoada. Recostou em um tronco deixando seu corpo deslizar até uma grande raiz exposta sobre a terra. Abraçada a si mesma, chorava, inconsolável. Sua alma estava em farrapos. Suplicante, queixou-se por Emanuelle:

"– Ó, Deus, onde estará minha filha neste momento? Onde você está, minha amada?"

Recostou a cabeça no tronco da árvore e, desesperada, percebeu estar, a cada instante, extinguindo-lhe as forças. Era como se sua vida houvesse atingido o caos. Permaneceu ali por algum tempo e recolheu-se ao iniciar o crepuscular.

Susana percebeu que seu espírito se ensombrava com o findar do dia. Ela se entregara à tristeza. Sua alma se sentia marcada pela ausência da irradiação da luz vinda do infinito glorioso. Extremamente enfraquecida, voltou para o centro da casa. Abriu os braços como se estivesse cruciada. Rodopiou de olhos cerrados, com lágrimas pelas faces. Imensa vontade abateu-lhe o espírito. Ela queria ver a filha, abraçá-la, beijar-lhe a fronte, colocá-la no regaço, como fazia quando pequenina, niná-la com a cantiga com que a adormecia. Então, carinhosamente começou a cantar:

– Dorme, dorme, filhinha! A mamãe vai agasalhá-la com os braços do amor. Dorme, dorme, meu amor! A mamãe nunca vai abandoná-la.

Ao pronunciar a palavra abandonar, Susana soltou um gemido e prometeu em tom de amargura e sofrimento:

– Eu juro a você, minha adorada filha, que jamais imaginaria este dia. Eu a abandonei, e pior, entreguei-a a um destino pungente!

Descerrou a grande porta almofadada e saiu. Caminhava ao acaso. Percorria as vias públicas na esperança de encontrar a filha. Exausta, abatida, não mais acreditando tê-la ao seu lado, foi acometida de grande surpresa! Em um canto de esquina, sob enorme marquise de prédio abandonado, um lugar imundo, onde se abrigavam roedores e cães abandonados, prejudicial à saúde humana, Susana deparou-se com a jovem Emanuelle em meio às pobres criaturas enjeitadas socialmente, em face da dependência das drogas. O ambiente era horrendo. Os jovens se apresentavam em estado de morbidez física e moral. Assim é que se via também Emanuelle e alguns de seus novos amigos.

Susana soltou brado soluço e foi acometida de leve vertigem. Via-se, com evidência, a transformação da filha e de cada jovem e a compulsão perniciosa causada pela cruel dependência das substâncias tóxicas.

A pobre mãe levou a mão ao peito, sentindo dor aguda e, com o coração célere, queixou-se a Deus:

– Meu Deus! Por quê? Emanuelle sempre teve tudo que desejou!

Ficou pensativa por alguns instantes e voltou a falar, desta feita, consigo mesma:

"– É, minha querida, você teve realmente tudo, exceto o mais importante para a sua felicidade! Você esperava apoio e compreensão. Pedia-nos confiança e amor; e isso lhe negamos. Ah, céus! Nós a amávamos de maneira adversa à que nos implorava. Ostentávamos o orgulho e conceituávamos que o dinheiro seria a verdadeira prescrição para nossa vida. Uma vida que só a nós dizia respeito. Ah, como errei! Como nos enganamos! Dediquei-me exclusivamente às obras pitorescas como se elas fossem o bastante para mim e nada mais existisse. Empenhei-me em estar em reconciliação com o céu e esqueci-me de que vivia na Terra e que Emanuelle necessitava do meu amor!"

Susana secou as lágrimas e retornou ao monólogo:

"– Como tirá-la desse meio, Pai? Como libertar minha filhinha deste caminho tortuoso? Nós a atiramos aos braços ferruginosos da tristeza! Sim, meu amor, nós a conduzimos para esse mundo marginalizado com a sociedade. De que adiantou aprendermos no mundo infinito que Deus quer a igualdade, se nós nos separamos do resto da criação d'Ele?"

Com o corpo estremecido, aproximou-se de Emanuelle. Doeu-lhe muito. A menina, talvez porque estivesse excessivamente drogada, não reconheceu a mãe. Susana aproximou-se mais e tentou acariciá-la. Emanuelle soltava gargalhadas, pois estava sob total domínio das substâncias alucinógenas. Seu olhar era aterrorizador. Ante os afagos da mãe, a menina ensandecera, tentando desvencilhar-se dos braços maternos. Os companheiros de desventura acorreram e passaram a agredir Susana com escárnio, usando agressividade para libertar a moça dos braços carinhosos da mãe, dizendo:

– Qual é, tia? Deixe a menina em paz! Vá embora! Ela é uma de nós! Afoga mágoas da família nestes nutrientes que fortalecem nossa coragem de viver! Tá ligada, coroa? É bom que não fique aqui! Não volte! Aqui é nosso reduto! Cuidasse melhor dela, antes que tudo acontecesse! Agora é tarde, ô coroa! Não nos dê azar, vá embora e não apareça mais, senão será condenada ao fim!

Sentindo-se ameaçada, a visitante aterrorizou-se. No ímpeto de safar-se da perigosa situação, desgovernou-se, caindo na calçada. Nesse ínterim, impelida pela força de um amor sofrido, Emanuelle a reconheceu e, com voz forte, bradou que todos se afastassem. Foi atendida. Ela exercia liderança naquele covil de entorpecimento. A jovem dependente da ingestão de drogas, ainda que reconhecesse a mãe, não aceitou as carícias, determinando, irascível, que a genitora se retirasse imediatamente:

– Deixe-me em paz, mamãe! Já não ouviu alguém dizer? Está com remorso por ver no que me transformaram por não acreditarem na minha integridade moral? Agora, deixe-me viver a vida que me ofertaram!

Emanuelle fitou os olhos tristes e intumescidos da mãe e, sem compaixão, sentenciou:

– Está sendo cruel demais para você, minha mãe? Mas por que esse sofrimento, se ele foi provocado pelo orgulho irrefreável que só descobri ao lhes revelar meu amor por André? Eu a imaginava consensual! Sim, mamãe, eu a tinha como ponderada, mais do que meu pai! Confiei no seu amor! Mas vejo que é como ele, ou talvez pior. Pensei que, por ser mulher, haveria de compreender meu amor por André, embora soubesse de sua origem humilde e de cor negra. O amor verdadeiro não se identifica pela casta, pela qual também não se distingue a personalidade e o caráter das pessoas. Ah, mamãe! Aquela maneira com que se apresentava à sociedade, ostentando aparência diferente do que era realmente, boazinha, caridosa, consolidada com o mundo através de suas telas, não passava de frustração por sua própria vida. Sim, minha querida mãe! Você não passa de uma pessoa que gosta de mostrar seu talento artístico, achando-se benéfica para com o mundo social.

– Não, filha! Isso não é verdade! – gritou Susana.

No exato momento, forte dor no abdome a abateu, como se rompessem as vísceras. Susana curvou-se sobre os joelhos, chorando, com desespero. Passados alguns instantes, ela voltou a queixar-se:

– Filha amada, por que nos acusa? É certo que não aceitamos seu relacionamento com aqueles jovens, mas não é por isso que se deva jogar a esse desastroso vício! Não somos culpados! Não há motivo bastante para que se esconda nesse antro que a está conduzindo ao caos. Há outras lutas para obtermos o que desejamos! Por que não recorrermos a outros recursos? Por que não mostrou sua capacidade de ir à busca do que desejava? Foi mais fácil optar pelo mundo das drogas, não foi? E agora nos condena por sua desafortunada opção? Não, Emanuelle! A responsabilidade por esse descaso de sua vida, não é senão sua! Portanto, não nos condene por esse terrível mal!

O acintoso diálogo ensejava que entidades inferiores e obsessivas intermediassem as duas mulheres, ditando-lhes palavras bruscas com a finalidade de ofender o amor próprio de cada uma. Susana, contristada, esperava pela reação da menina instigada pelas interferências malfazejas que a induziam a práticas rudes que magoassem a amorosa genitora.

Emanuelle, com risos estridentes, aspirava o pó na presença da mãe, que mais sofria ao ver a sua menina se entregar às drogas, sob o comando das entidades obsessivas.

Inconformada, então, Susana avançou contra a filha, intentando retirar-lhe das mãos a desgraçada substância. Por isso, se agravou o escárnio dos outros drogados e Emanuelle exteriorizou sua cólera:

– Eu a desprezo! Você não passa de uma fracassada, destituída de moral e pudor! Sabe por quê? Porque jamais soube levar sua vida verdadeira e sempre viveu na miséria da mentira, sob o manto da riqueza! Não se sente envergonhada, mamãe? E o papai, onde fica com tudo isso? O dinheiro sempre foi a realidade de tudo, para vocês.

Emanuelle falava sem permitir espaço para réplicas, pois queria destruir a reputação da mãe, dela vingando-se. Ademais, estava sob o comando das entidades perversas e continuava vilipendiando, sem piedade:

– Naquelas telas em que você dizia mostrar sua bondade, sua honestidade, em verdade você dissimulava a realidade da vida de cada um de vocês. Mas, minha mãe, você evidenciava a prodigalidade de um espírito insensato, insipiente. Dói-me, mamãe, dói-me muito ver a hipocrisia que norteia a vida de vocês. Agora, me deixe em paz, por favor. Volte para junto do senhor meu pai. Vocês são dignos um do outro.

A genitora, inconformada, cabisbaixa e humilhada, ergueu-se do chão e pôs-se a caminhar, sem rumo, magoada e muito triste. Ela sentia-se derrotada em todos os aspectos.

CAPÍTULO 4

Tortura dos pais

Já passava das duas horas. Susana olhou para o alto e, com os olhos marejando, viu entre lágrimas as estrelas cintilarem como se lhe quisessem dizer que a vida poderia ter brilhado para eles também, se houvessem compartilhado das aspirações da filha; que o amor não se escolhe e não se permite imposição ou escolha para quem ama. Ele é sentimento nato de pureza, cultivador de virtudes, e que Emanuelle lhes ofertara toda sua candura, mas fora tiranizada pela ausência de afeto verdadeiro e pela discriminação das aparências. É isto mesmo, uma errônea maneira de compelir a filha a estabelecer convívio com a sociedade. Susana, introspectiva, se via portadora de todos os defeitos que as tremulantes estrelas pareciam denunciar.

Então, vencida pelo cansaço, desestimulada, retornou à casa. Subiu as escadarias que levava à parte superior e dirigiu-se para o aposento de Emanuelle. Examinou, detalhadamente, o luxuoso quarto, onde a sua menina não revelava, senão a si mesma, seu imenso amor pelo jovem André. Ela o segredava, com carinho, no recôndito privado em sua alma, onde o preservava somente para si mesma. Emanuelle sabia que, se seu sentimento viesse a ser descoberto pelos pais, sua vida derruiria sob a avalanche de inibições que a refreariam, sobretudo, no tocante ao convívio com a sociedade plebeia, de tez negra. O recinto era o oratório reservado às confissões amorosas que ela professava a Deus e ela sentia que o Criador a ouvia e abençoava seu amor. Então, não obstante a rejeição paterna, a moça alimentava em seu espírito um tênue foco de esperança de que, um dia, haveria de conseguir o consentimento dos pais. Mas o desespero depauperou sua luz e, não suportando a espera pelo doce sonho, foi seduzida a embrenhar-se na companhia dos filhos da nobreza e, estimulada por eles, envolveu-se com produtos químicos alucinógenos, passando a viver nos antros da perdição.

Susana sofria, meditativa, estática no centro do grande e confortável aposento. Estampava-se-lhe na mente os episódios da vida da filha. A genitora chorava, desesperada, pois Emanuelle não percebia o motivo que determinou seu afastamento do mundo para o qual fora educada. Agora, passara a ser dependente de substâncias que intoxicavam o organismo e, em especial, o espírito. Com pensamentos dolorosos, dialogava com Deus:

– Meu Deus, o que fizemos com nossa menina! Tão nova! Praticamente uma criança! E impedimos o alvorecer da fonte luminosa de sua alma. E pensar que ela era como um corpo celestial, espargindo raios do bem por toda parte de sua peregrinação terrestre. Tinha firmeza moral, não possuía maldade nem malícia; evidenciava em seu espírito limpo e puro a candura das donzelas. Mas nós, Pai, é que erramos ao colocá-la em prodigiosa redoma, inibindo sua vontade própria e mostrando-lhe um mundo de orgulho e vaidade. Emanuelle foi preparada por vós para ser insigne ilustre no amor e na bondade, e nós, Senhor, a privamos dessa graça concedida.

A infeliz senhora notava que suas forças definhavam. Estava desiludida, perturbada e desencantada consigo mesma. Deixou seu corpo cair de costas no leito onde se agasalhava outrora sua doce menina. Adormeceu, mas com muita agitação. Despertou na manhã seguinte. Era domingo. O amanhecer estava alegre e radiante. Mas Susana se encontrava dominada pela tristeza e exausta pela noite maldormida. Com o coração célere, ergueu o corpo dorido em face da queda e da violência dos jovens degradados moralmente e banidos da sociedade. Os infelizes viciados, que a droga incita a comportamentos desastrosos e ao uso da força física contra as pessoas, haja vista a agressividade a que submeteram a indefesa Susana. Sim, usaram a força das mãos para enxotá-la daquele pestilento ambiente de perdição.

Antes que deixasse o quarto da filha, a sofrida genitora alisou os móveis bem-dispostos nos lugares, olhou para a cama forrada com bela colcha de cetim, matizada com lindos bordados. Embora estivesse amarrotada pelo peso do corpo de Susana, ainda mantinha aspecto de fineza. A saudosa mãe acariciava cada móvel, como se dispensasse tratamento especial à jovem Emanuelle. Suspirando prolongado, recordou certa passagem do livro sacro que preceitua: "devemos interrogar nossa consciência sobre tudo que fizemos em nossa vida terrena". Limpou com a mão esquerda as lágrimas que desciam pelas faces e falou consigo:

"– Bem dizia Jesus que ser humilde é cultivar virtudes, e foi o que nos faltou. Falando como o Mestre, a humildade é semelhante a uma veste para encobrir as deformidades do corpo. Encontro em mim defeitos morais em face de minha alma, que se encontra na fase de imperfeição. Pobre filha, eu é que desfigurei seu espírito. Desviei sua passagem na Terra para caminhos tortuosos."

Cerrou os cílios com força, de maneira a esconder aquele suplício a que se acometia. Deixou, claudicando, o aposento da jovem. Desceu as escadas apoiando-se no corrimão e caminhou em direção à sala de refeição. João Carlos, com olheiras profundas, fisionomia triste e evidente palidez, em face da noite de insônia, sentado em torno da mesa, aguardando o desjejum, sequer percebeu a aproximação da esposa.

Susana sentou-se à frente dele e passou a examiná-lo, ponderando a dor que o consumia. Apiedou-se do companheiro, deixando duas grossas lágrimas descerem pelas faces. Experimentou o gosto amargo da solidão. Seu marido sequer sentiu sua presença. João Carlos olhava para o nada. Não pestanejava. Parecia desprovido de sentimentos, sem alma, sem conhecimento das ações da filha.

Debalde Susana intentou despertá-lo para a realidade. O pobre homem parecia estar no deserto à procura de oásis para saciar sua sede, e de substância para afogar sua ânsia faminta do perdão. Sua alma pedia alimento celestial e não alimento para o corpo carnal. Ele sofria! Necessitava da ajuda da esposa, mas não conseguia enxergá-la à sua frente. Ela o chamava com voz carinhosa como sempre o fizera, mas João Carlos vagueava muito distante para ouvir a voz meiga e repleta de amor da esposa. A mulher olhou-se e notou a roupa em desalinho, toda amassada, como se andasse completamente errante. Parecia caminheira em busca de provisão para sua alma desvalida. Rebuscou a memória; que teria feito? Veio-lhe à mente: vagou sem direção; percorreu muitas ruas, até que, à sua frente, assomou Emanuelle entregue às drogas. Com o coração palpitante, monologou:

– Ah, Deus! Andei sem rumo, por caminhos repudiados por nossos bons costumes morais. Pobre Emanuelle! Pobre filha!

Suspirou profundamente. Sentiu fome. Olhava para a mesa farta, mas não conseguia comer, imaginando a menina amada, ora desnutrida por falta de alimento, pois a havia visto magra, com olheiras que denunciavam alienação do mundo, até mesmo do instante que vivia. A dor abdominal voltou a afligi-la e parecia dividir-se em duas partes, porque lhe doíam o peito e o ventre: dor estarrecedora. Susana não entendia a causa da sensação desagradável. Quanto mais pensava na filha, mais se afligia.

Imaginou a menina faminta e desejosa das guloseimas de que ela tanto gostava. No ímpeto de desprazer, levantou-se e afastou-se da mesa, abstendo-se do desjejum. Subiu as escadas, saltando degraus; correu para seu quarto. Jogou-se de bruços sobre a cama, abraçando-se com as grandes almofadas e, chorando copiosamente, indagava a si mesma:

"– Susana, onde está você que nada faz para trazer de volta sua filhinha querida? Seja mais compreensiva para com ela! É parte de seu corpo! Seu desmesurado amor por ela é que causou essa inconcebível situação. Cumpra seu dever, Susana, e tente soluções plausíveis enquanto esse desvio é insignificante diante da extensa reta que sua menina deverá percorrer na Terra. Não permita que ela enverede por caminhos que a conduzam mais rápido para o destino das drogas. Susana, ofereça-lhe amor verdadeiro, renúncia, aceitação. O saber e a verdade são a realeza da vida. Restaure-lhe sua sublimidade, sua meiguice, seu caráter firme e grandioso. Volte a procurá-la e leve-lhe paz de espírito. Acomode-a em seu regaço materno e a adormeça com suas cantigas de ninar, para que ela, ao despertar, se compenetre da vida de outrora. Beije-lhe a fronte e faça-lhe afagos de cuidados maternais que evoquem nova relação entre mãe e cria."

Chorosa, interrompeu a censura de sua própria mente, e reclamou:

"– Céus, mas como devo proceder para que ela aceite meu amor, esse sentimento real que só agora estou descobrindo e que talvez me esteja sendo inspirado pelas alturas? Estou segura de que quero lhe oferecer tão maravilhoso sentimento, mas não encontro a maneira de levá-lo a ela! Eu o sinto puro e evidente como a luz do dia. Concebi, com plena convicção, essa nova maneira de amar."

A bondosa genitora suspirou dorida e, com o coração célere, depois de um certo tempo, voltou a falar com Deus:

"– Do celeste é que me vieram estas magistrais instruções! Creio em vós, ó Deus! Iluminastes-me. Tais iluminações me vieram mostrar que João Carlos e eu, em uma de nossas existências pretéritas, fomos causa de imerecidos sofrimentos e dificuldades para a vida de irmãos simples e bons. Essas imagens me causaram repúdio e recorri aos céus, com o espírito sofrido por meus atos sórdidos, arrependida, porque minha cegueira me fez ficar como caramujo dentro de concha. Reconheço que jamais amei de verdade, pois me faltou discernimento para conhecer a vida de amor verdadeiro."

Susana fechou os olhos, tentando por instantes obliterar aquele sufocante diálogo com Deus, pois ele incomodava seu espírito. Ela parecia emocionalmente atordoada, tão grande era o arrependimento que a aborrecia em decorrência dos danos causados à filha. Ela se achava a única culpada, sobretudo por se ater às obras de arte, descuidando-se de Emanuelle. Sentia haver abdicado o amor da amada filha, a atenção necessária à adolescente a quem, sem dúvida, deveria mostrar os valores da honestidade e da bondade. Foi incapaz de despertar na filha a importância da vida virtuosa e imaculada, como acreditava estar praticando com o mundo, ao retratar os belíssimos quadros por ela expostos nos luxuosos salões de anfiteatros, fazendo passar-se por fiel escudeira do amor de Deus.

Susana percebia, com muita angústia, que não fora o que se julgara. Teve pena de si mesma. E, com o coração pulsando forte, refletiu:

"– Ó, Deus, como fui ingênua ao me considerar correta e pura de coração! E como fui capaz de imaginar que faria minha filha feliz!? E vós, Pai, com Vossa bondade nos confiastes o espírito iluminado de nossa filha, para o conduzirmos na Terra, e fracassamos. Ao invés de cumprirmos Vossos desígnios, desviamo-la do caminho para o qual vós a havíeis designado, ao destiná-la ao meu ventre! O que fizemos com esta Vossa criatura, nossa filha bendita? Emanuelle está certa quando diz que sempre fui falsa! Sinto sufocar-me e me ponho a analisar tudo que ouvi dela."

Susana aproximou-se da grande janela e, pela vidraça, observava os coloridos canteiros de flores com aromas agradáveis, que recrudesciam suas saudades, recordando a menina jovial passeando naquele recinto encantado. Recostou a cabeça no vidro e chorou. Chorou, lamentando a ausência da filha. O véu da noite escurecia o horizonte. As primeiras estrelas assomavam no azul celestial. Susana suspirou profundamente e resolveu ir ao encontro de Emanuelle. Foi ao aposento da jovem e ao que pôde pegar para agasalhá-la ela juntou algumas guloseimas. Organizou tudo em uma sacola e apressou-se em direção ao lugar onde a havia encontrado. Em lá chegando, não a encontrou.

Desesperada, a bondosa mãe armou-se de coragem e se aproximou de um jovem, filho de eminente industrial, amigo da família, e perguntou se ele saberia informar onde ela poderia encontrar Emanuelle. Reconhecida pelo moço, a resposta foi imediata, dando conta de que a menina havia ido à maloca onde se adquiriam drogas, ensinando o caminho para se chegar ao local.

Era um lugar de mau aspecto, desagradável e assustador. Susana aproximou-se e foi recebida com agressividade. Pediu permissão para falar com a filha. Negaram-lhe sob a alegação de que a menina estava detida no comando feminino das drogas, porque não havia pago a conta que já estava muito alta e, se não pagasse imediatamente, ela seria "apagada".

Susana entregou-se ao desespero. Pediu que lhe dessem tempo necessário para buscar a soma informada pelo traficante. Preocupada que pudessem fazer algum mal à menina, ligou para o marido explicando a situação e que ele fosse levar a quantia exigida para que libertassem Emanuelle. Mas João Carlos não se intimidou e se obstinava em não se deixar convencer pelas ameaças. Todavia, movido pela aflição da esposa em desespero, reconsiderou e, com o endereço em mãos, subiu o caminho estreito e sinuoso da favela, levando com ele a soma exigida pelos marginais.

Segurando Susana e Emanuelle pelo braço, João Carlos, praguejando, descia os becos de volta. Mas antes que desaparecessem atrás das pequenas casas de madeira, um dos rapazes, a mando do poderoso chefe do grupo, porque o pai de Emanuelle blasfemava, desferiu-lhe um tiro nas costas, dizendo com escárnio:

– Isso foi por conta de sua resistência em aceitar nossa proposta para resgate. Libertamos a moça, mas "apagamos" o pai.

Susana, denotando ódio na voz, gritava:

– Monstros! Assassinos! Covardes! Não receberam o que pediram? Devolvam-me! Devolvam-me, maloqueiros.

– Cale essa boca, pois do contrário a próxima será você! Se liga, coroa! Embora estejamos com o dinheiro em mãos, nada nos impede de eliminar a jovem! Leve-a daqui antes que se arrependa!

Susana, ao ouvir que matariam a filha, atemorizou-se e pediu que a perdoassem. Suplicou que então chamassem a ambulância para socorrer o marido, pelo que foi atendida não sem ameaça:

– Mas tá ligada, num tá, gente boa? Chegando ajuda, não abre o bico senão te faço sumir sem deixar rastro. Se ligou?

Susana, enojada, meneou a cabeça afirmativamente.

João Carlos foi conduzido imediatamente para o hospital, onde foi atendido por um dos jovens tão desprezados por ele. Um amigo de André, o enamorado de Emanuelle, modesto, também de tez negra. O médico atendente extraiu o projétil que se encontrava alojado no corpo da vítima, salvando-lhe a vida, mas infelizmente as sequelas o deixaram paraplégico.

Ainda que a drástica transformação na vida o deixasse injuriado, João Carlos não lamentava, mas em função do sofrimento, o sorriso fugira de seus lábios. Ele hesitava entre condenar ou perdoar a filha por aquele irreversível transtorno, que fez com que ele passasse a locomover-se auxiliado por uma cadeira de rodas. Suas transações passaram a ser cumpridas através de comunicações eletrônicas, enquanto que a presença física era sempre representada pelo filho.

Emanuelle não conseguiu renunciar à dependência das drogas e retornou para a companhia dos viciados. Agia sob coação de entidades desencarnadas, que se aproveitavam do comprazimento da moça para submetê-la aos efeitos de altas doses das substâncias alucinógenas, juntamente com o álcool, configurando-se suicida inconsciente. Tais desencarnados sentiam idêntica avidez pelas drogas que incitam alucinações. Aos poucos, a jovem se consumia. Nada lhe era mais importante.

Susana dedicou-se aos cuidados do companheiro, privando-se de ir novamente ao encontro da filha.

Às escondidas, chorava, lamentando com saudade e preocupação a ausência de notícias. Ante tais transtornos familiares, a pobre senhora definhava e as dores se agravavam a cada dia. Mas ela não encontrava tempo para procurar um médico. Seu tempo integral ela o ocupava com o cônjuge, que, ansioso, chamava por ela durante todo o dia e a noite.

Assim, os meses vazavam e a luz parecia apagar-se para Susana. Tudo que era belo e saudável se transformava em ruína. Até o pitoresco lugar que Emanuelle escolhia para caminhar, todas as manhãs antes do despontar da luz solar, ficara umbroso e sem brilho. Ao completar doze meses que a filha deixara o lar, o estado da genitora era escanzelado, um corpo sem vida. O rosto encovado e a imagem cadavérica.

Não suportando mais a ausência silenciosa da jovem, numa manhã invernosa, com muito frio e com o céu todo encoberto pelas nuvens que deslizavam preludiando o inverno, Susana ajudou a cuidar da higiene e do desjejum de João Carlos. Conduziu a cadeira de rodas para o lado da janela espaçosa, onde o esposo gostava de ficar toda manhã, beijou-lhe a fronte e saiu a procurar a filha.

Como da vez anterior, borboleteava por todas as praças floridas, com a esperança de encontrar a menina passeando pelos canteiros coloridos, como era de hábito em seu lar. Exausta, em face de sua debilidade, sentou-se em um banco e prorrompeu em pranto. Invocava ao Pai que a ajudasse a encontrar Emanuelle. Ergueu-se e caminhou pelas vias públicas, confiante na indicação divina. Seus passos eram lentos e olhos fixos em cada canto de rua. Não...! Não encontrava Emanuelle!

Desanimada, quando ia retornar à casa, avistou um dos rapazes, o mais jovem participante da turma que antes convivia com sua filha. Susana o conhecia por havê-lo visto em companhia de Emanuelle numa das reuniões na casa dos amigos humildes, até onde a incomodada genitora seguiu dissimuladamente a filha.

Em reconhecendo o moço, a esposa de João Carlos aproximou-se dele e perguntou-lhe se, eventualmente, ele não havia visto sua filha. O jovem, a princípio, não a reconheceu, mas ela se identificou como mãe de Emanuelle. O rapaz, sentindo-se enternecido em face do estado mórbido da sofrida mulher, ergueu a destra e a reverenciou.

Fitando o jovem, com os olhos marejados, ela revelou--lhe o lamentável estado da filha e seu desaparecimento. A aflita mãe cravava as unhas na palma das mãos, quase se ferindo, esperando a reação do moço. Apoiando o queixo com a ponta dos dedos da mão esquerda, enquanto com a destra alisava seu próprio cabelo, de pálpebras cerradas, procurava palavras com que não agravasse mais o sofrimento da mulher. O jovem, um *gentleman*, recém-formado em oncologia, observava atentamente o desespero de Susana. Apiedado, ponderou consigo mesmo que o estado da mulher era muito grave.

Paulo era seu nome, e era um oncologista. Ocorreu--lhe o ímpeto de convidá-la a ir ao seu consultório, mas sentiu receio. Com a destra, acariciou os cabelos da mulher. Ela retraiu-se. Paulo sorriu, denotando carisma, e disse com bondade:

– Senhora? – ele indagou.

– Susana.

– Senhora Susana, não se perturbe! Ajudá-la-ei a descobrir o paradeiro de Emanuelle. Muito me emocionou o que acabei de ouvir! Nossa bondosa Emanuelle não merece essa vida. Volte para seu lar e cuide de seu marido. Assim que eu obtiver notícias, eu mesmo faço questão de ir pessoalmente buscá-la, e juntos iremos ao encontro de sua filha. Conversarei com Emanuelle e submeterei esse caso ao nosso estimado doutor André. Ele é competente médico. Psiquiatra, neurocirurgião e neurologista. Especializou-se, também, em doenças mentais e estudo do comportamento humano. É famoso e considerado um exceler da medicina.

– André, o jovem de quem Emanuelle se enamorou? – inquiriu Susana.

– Sim, senhora, o mesmo! O jovem que foi afastado de Emanuelle. O jovem que foi abjurado por seu marido para ser parceiro de sua filha. Ele foi um grande guerreiro. Lutou com suas armas, a arma do amor ao próximo, pois desejava fazer-se grande médico, para oferecer vida às criaturas. Além do hospital, ele próprio instalou uma casa de recuperação, para dar atendimento àqueles que desejem se salvar das consequências causadas pela dependência de drogas. Ele escolheu o nome da casa com muito carinho: Casa da Amizade. Distinta senhora, André buscou na formação hospitalar três especialidades, a fim de dar assistência aos sofredores dominados pela terrível dependência. Isso porque se sentia muito machucado com o que presenciava diariamente nas ruas da cidade. Jovens na dor de alguma derrota, devendo obedecer à proibição de certas vontades dos pais. Jovens como Emanuelle, que não teve apoio ao escolher a pessoa que a faria feliz, e então entregou-se a esse caminho tortuoso das drogas, por ser separada bruscamente de seu desejado companheiro André. Era um grande amor, de um sentimento leal e recíproco. Mas esqueçamos o passado e cuidemos do presente, do agora. Venha, senhora! Deixá-la-ei em sua casa. Meu carro está estacionado defronte a meu consultório, logo ali – apontou com o indicador uma belíssima casa ao lado do hospital, onde trabalhava também André.

– Lamento por tudo isso e me aborrece recordar de tais fatos – ripostou a mãe de Emanuelle. – É um passado de que procuro distância, para ver se sofro menos. Mas me atormenta e também a João Carlos. Estamos temerosos de que seja tarde para corrigirmos tal improbidade. Ser-nos-ia possível fazê-los se reencontrarem? Com certeza, seria nossa salvação. A remissão de nossa pena ou que seja atenuante que nos permitirá suportar o jugo de nossa negligência, resultante do orgulho e da vaidade. Ah, meu jovem doutor Paulo, soubesse o senhor como está sendo difícil suportar esse madeiro que nós mesmos implantamos em nossos ombros! O senhor não é capaz de imaginar quantas lágrimas estão sendo derramadas em nossas faces!

– Senhora Susana, a vida é uma vereda repleta de abrolhos, mas sejamos perseverantes e não nos desalentemos diante dos obstáculos, mormente quando houvermos de superá-los em benefício de nosso próximo. Só nos é necessário fazer algo que seja benfazejo e tenhamos em mente que vocês procuraram proceder da maneira que entenderam ser a melhor para todos. Haja vista as ajudas caritativas organizadas para atendimentos, não só domiciliários como de internações particulares nas clínicas, destinadas às pessoas carentes, custeadas por seu marido. Um amigo, doutor Rude, assistiu um infeliz que seu esposo socorreu na via pública. Eu também já socorri um jovem senhor com sofrimentos no finalizar de vida. As despesas médico-hospitalares foram custeadas pelo senhor João Carlos. Nesse empenho de aliviar sofrimentos, peculiar às pessoas caridosas, a exemplo de vocês, a senhora e seu esposo estão livres de parte do peso do madeiro que implantaram em seus ombros, como disse a senhora. Portanto, só lhes resta aguardarem a posteridade, com paciência, quando então desabrocharão as flores deste jardim que vocês cultivam.

Paulo dizia essas consoladoras palavras, concentrado na visível enfermidade acometida por Susana, presumivelmente enfastiosa e irreversível, que a levaria ao sofrimento e à fatalidade do óbito. Isso agravaria o padecimento de João Carlos, preso em uma cadeira de rodas, impondo-lhe sacrifício físico e moral, decorrentes da vaidade e do orgulho, que sempre nortearam a vida do empresário, não obstante os ensejos caritativos.

Caro leitor, certos casos na vida, certas enfermidades, estão dentro da bondade de Deus para nos salvar, nos tornar reeleitos na vitória da libertação e para encontrarmos a felicidade após a morte do corpo carnal.

Paulo caminhava com a mão no ombro da sofrida mulher, enquanto conversava com ela. Deteve-se ao lado do carro. Susana ficou comovida. Um luxuoso carro importado, de cor preta, bancos de couro. Ele, educadamente, abriu a porta, acenando que ela adentrasse. Durante o trajeto, Susana refletia:

"– Meu Deus, como fomos injustos com esses rapazes! Eles alimentaram idêntico ideal pelo qual lutamos. Alcançaram a plenitude dos seus sonhos de conseguir, um dia, chegar ao apogeu da carreira profissional. Pelo que estou vendo, alcançaram a vitória. Emanuelle tinha razão quando dizia dos sonhos deles, nos quais ela acreditava. Sinto vergonha, Senhor, ao saber que tudo estava revelado no Vosso amor e nós duvidamos. Só assim nos conscientizamos de nossa incapacidade para acreditar em Vossa palavra; quanta tristeza ao pensar que interrompemos o ideal de nossa filha. Ela poderia ter alcançado a glória como esses jovens! Por nossa culpa, ela não chegou aonde desejava e foi lançada à sarjeta. Que isso sirva de lição para os que carregam consigo o defeito da utopia, uma vida vã, sem amor e sem compreensão. Por essa aparência ilusória que nutrimos é que Vos peço perdão."

Chegando a sua casa, Susana narrou minuciosamente ao marido o que viu e ouviu. João Carlos, mesmo não querendo se emocionar, não suportou a narrativa, deixando que as lágrimas corressem pelas faces. Remoía-lhe o peito pela dor do remorso. Lembrou-se da filha com muito carinho, desejoso de vê-la. Suspirou profundamente, dizendo resoluto:

– Susana, amanhã eu quero ir com você procurar nossa menina e pedir-lhe que me perdoe. Peça ao motorista que nos leve por toda cidade, se for o caso. Preservei alguma reserva para nos servir depois dessa tragédia, pois nada mais quero. Mantenho os bens que administrei em um banco, reservando-os para o futuro de Emanuelle, para que ela usufrua como achar de bom proveito para sua vida. Estou convicto de que ela se recuperará e tudo, Susana, voltará à vida normal oferecida por Deus e não persistirá nesta escolhida por seu desejo próprio.

– Não entendi, João Carlos! – redarguiu Susana. – Ela nada escolheu, nós é que a atiramos nesse lamaçal tortuoso. Não adianta querer camuflar nossos indissimuláveis defeitos, sobretudo quando impedimos o convívio de nossa menina com os jovens que reputávamos de origem ordinária. Não podemos a ela atribuir a culpa de nossas negligências. Quantas vezes, chorando, ela rogava que não duvidássemos de sua integridade moral? Mas não!... Nós subjugamos sua sanidade física e mental, proibindo que ela própria escolhesse suas amizades e seu meio social. Então, agora, como se fôssemos juízes, pronunciemos nossas próprias sentenças condenatórias.

– Eu não a estou condenando e muito menos lhe passando nossa culpa, a fim de nos isentar deste mal – replicou João Carlos. – Eu quis dizer que ela foi para este caminho tortuoso por sua própria vontade e creia-me, Susana, para nos ferir, imaginando admoestar-nos e nos induzir à aceitação. Erramos? Sim! Mas, com certeza, não a mandamos seguir por essas vielas, que só a levariam a uma estreita e tortuosa passagem. Estou sofrendo? Ah! E como! Mas não consigo me responsabilizar por essas ruinosas ações, embora veja em seus olhos inflexível julgamento de um crime que não pratiquei. Sei que você não justifica minha defesa e reconheço que houve realmente minha proibição. Arrependo-me, mas não posso conceber que seria motivo para que Emanuelle agisse de maneira tão rude.

– Acredito, João Carlos – ripostou a interlocutora – não quero condená-lo por uma culpa que não é só sua, mas nossa. Nossa menina teria ido para este caminho, como você acaba de dizer, a fim de nos alertar sobre uma realidade discordante da nossa, mas não creio que seja apenas por isso. Por certo, Emanuelle aborreceu-se com as pessoas que escolhemos para sua companhia, habituada que estava àquela gente humilde, bondosa, amiga, disciplinada, não intencionada senão a cultivar seus ideais. Por obediência às nossas exigências é que nossa menina se sujeitou à amizade de jovens prepotentes, tiranos, dominados pelo vício das drogas. Eles a induziram à tentação. Então ela experimentou o gosto amargo e o tornou saboroso como o néctar que as abelhas transformam em mel. Ah... João Carlos! Nossa menina era tão pura, tão cheia de virtudes! Possuía excelentes qualidades! Só fazia bem a outrem! Quero sim, seguir pistas que nos levem a encontrá-la. Só Deus sabe se teremos sucesso para arrancá-la dessa vida de drogas, que só conduz para caminhos tortuosos! Roguemos ao Pai que nos acompanhe!

    Na manhã, bem cedo, antes mesmo que o Sol despontasse no horizonte, Susana e João Carlos saíram com o motorista, vasculhando os pontos frequentados pelos dependentes. Lugares horrendos, verdadeira chafurda, aonde só vão pessoas pervertidas. Após exaustiva procura, desestimulados, depararam em uma esquina, rígidos pelo frio da noite, sob uma marquise de grande loja, com Emanuelle nos braços de um jovem de má aparência. O casal fumava um cachimbo feito com pequeno copo de lata, com canudinho que não dava para especificar. Os olhos dos fumantes estavam avermelhados e esbugalhados, como se denotassem muito medo. O rapaz segurava, com firmeza, o cachimbo na boca da menina, como se a obrigasse a sugar a substância repugnante. Estavam completamente atordoados. Aparentemente nada viam, nada sentiam.

Os visitantes se aproximaram, mais e mais. Agora, além do casal, um grupo, moças e rapazes passavam, de boca em boca, o horroroso objeto da dependência. João Carlos sentiu-se mal. Susana entendeu seu sofrimento, pois já havia passado pela triste realidade. Então, ela abraçou o esposo com carinho consolador e deixou que ele chorasse com a cabeça reclinada em seu ombro. Apiedou-se. Ele jamais havia passado por tamanho desgosto. Ademais, sentia-se humilhado à presença do motorista, porque este nunca o vira esmorecer. O paraplégico não tinha como descer do carro e correr ao encontro da filha. Então, apertava a mão da esposa, como se pedisse ajuda. Com voz estremecida, apelou para o motorista:

– Batista, por Deus, leve-me até minha menina!

– Senhor, não é aconselhável chegar até aquela gente! É muito perigoso, ainda que lá esteja sua jovem Emanuelle! – replicou o motorista. – Aguardemos alguns instantes para vermos se se afastam de sua filha. Ou por que não voltarmos amanhã? Talvez a encontremos mais sóbria! Assim será mais aconselhável o diálogo entre o senhor e ela.

– Não, Batista! Poderá ser tarde, pois com esta gente sem escrúpulos, ela poderá deixar esse lugar e ir para outro de difícil localização. Isso já aconteceu antes. Por favor, meu amigo!

Batista ficou comovido. Jamais poderia imaginar

tanta fragilidade naquele homem que sempre conhecera austero, às vezes impulsivo, mas constantemente determinado em suas decisões. Jamais pedia; só ordenava. Sentiu-se apiedado e, quando ia sair para ajudá-lo, Susana colocou a mão no ombro do motorista e recomendou:

– Não...! Espere! Realmente é arriscado. Mesmo que se canse, João Carlos, é recomendável que aguardemos o momento exato. Veja!... Alguns já se afastam. Você não quer água? Não tem sede?

– Não, querida! – exclamou o esposo. – Estou sim sedento, mas de ter minha amada filha em meus braços, para beijá-la e acariciá-la com um pedido de perdão. Somente tais substâncias me saciarão. Ah!... Como me faz falta o amor de nossa menina! Ah!... Como sinto saudade do abraço e do carinho que ela sempre me ofertava, com sorriso meigo. Sinto falta de suas palavras dóceis, sua voz melodiosa, sobretudo quando cantava e tocava piano.

Suspirou, profundamente aborrecido. Suas mãos estavam com exsudação gelada. Denotando aflição na voz, voltou a lamentar:

– Ah... Susana! Até hoje dissimulei meu sofrimento, porque não queria acirrar sua amargura. Mas não estou suportando mais esta vida! Ela me abala de maneira insuportável. A falta da minha filha e o remorso por haver subestimado seu desejo são fatos que estão me aniquilando. Minha mente me mostra, dia e noite, a fisionomia de desespero dela quando neguei o acesso do jovem André à nossa casa! Eu lhe disse, num rompante de orgulho, que ele não era digno de pisar o tapete que cobria o piso da sala! Que, além de pobre, ele era de cor negra! Ela se retirou em silêncio, sequer me olhou. Fiquei abatido, porque percebi haver ferido seu coração e, desde este dia, minha menina saiu para não mais voltar e se entregou a este caminho tortuoso das drogas. Não havia revelado a você esse desentendimento, para não magoá-la mais do que eu já notava em seu semblante e em seu sofrido olhar.

João Carlos, envilecido ao revelar sua crueldade para com Emanuelle, a filha que sempre lhe deu prazer, chorou. Com a cabeça recostada no vidro do carro, cerrou os cílios e retornou ao assunto, embora lhe doesse na alma:

– Querida Susana, você deve estar imaginando que sou covarde... Mas não passo disso mesmo. Reconheço que fui insensível e insolente para com o sentimento de nossa filha. Quantas vezes eu observava você, minha querida esposa, padecendo em um canto da sala. Preso nesta cadeira de rodas, remoendo com a dor do remorso, eu me sentia condoído por seu sofrimento. Quando você saía, dispensando nossa condução, vagueando, sabe Deus como! Eu sabia que você estava poupando Batista para eventual necessidade de me socorrer. Por vezes me acometi de desespero e chorei sozinho, como se houvesse sido abandonado pelo Alto... Isso seria bem merecido.

João Carlos descerrou as pálpebras e fitou a mulher. Ele a imaginava revoltada com o que acabara de revelar, mas não, Susana se mostrava compadecida. Ela contemplava o olhar de arrependimento do marido, do pai sofredor. Sorriu para ele e o confortou com carinho:

– Não se martirize, meu amor, nossa vida se reorganizará! Emanuelle saberá perdoar-nos e retornará para nosso aconchego, que sempre foi de muito amor para com ela. É boa menina! Ademais, tudo é passageiro.

João Carlos sentia-se cada vez mais injuriado consigo mesmo. As palavras confortadoras da companheira pareciam agravar sua sentença íntima. Ele preferia que ela o repreendesse severamente porque, em realidade, não merecia o afeto com que estava sendo indultado. Então, com o coração célere, continuou:

– Contemplando pela janela, vejo as flores que ela tanto admirava, quando percorria os canteiros todas as manhãs, deleitando-se com a brisa suave que roçava suas faces, como se fosse o beijo do Senhor.

O pobre pai suspirou, entristecido. Seu coração pulsava fortemente. Seu rosto mostrava sudorese fria e as mãos fremiam de indignação. Susana estava silenciosa, permitindo que ele desabafasse. Todavia, ela se encontrava aterrorizada consigo mesma, por não haver percebido o padecimento do marido. Doía-lhe imensamente aquela confissão! Como pôde pressupor que ele era insensível a tudo? Como reparar sua falta de equidade? Apertou a destra dele com amor e o aconchegou ao peito, dizendo:

– Perdão, meu amor! Eu não havia percebido essa tão desagradável dor! Fui injusta em pensar, muitas vezes, que você não se importava com a ausência de nossa filha. Eu mais sofria por imaginar sua indolência, ao passo que você se flagelava.

Susana, envergonhada, inclinou a cabeça e rogou em meio a soluços:

– Perdoe-me! Perdoe-me! Sei que meu procedimento é injustificável, mas dê-me seu perdão!

Enquanto dialogavam, parte da turma retirou-se.

Emanuelle parecia acometida de alucinação. Mas suas percepções imaginárias eram provocadas por entidades espirituais oportunistas que haviam notado a presença de João Carlos e Susana. Tais invisíveis não queriam permitir o socorro dos pais. Então provocavam na menina o efeito alucinante, levando os pais ao desespero. Mas Susana não desistia. Abraçou a filha com ternura e falou de seu amor e do amor do pai.

A alucinada se esquivava, gritando horrores, estimulada pelos maldosos espíritos do mal, que nela encontraram o comprazimento e a fragilidade que lhes facilitavam a ação de substanciá-la com as drogas.

Batista ficou desapontado com a triste revelação que presenciara, mas, com imensa compaixão, mesclada ao desejo de amenizar o impasse, chorou silenciosamente. Aproximou-se da patroa e, com gestos reverentes, convidou-a a retornarem ao lar, sugerindo que no dia seguinte, bem cedo, retornassem, pois certamente encontrariam a jovem mais sóbria.

Ao lado, postava um rapaz que não havia sido dominado pela dependência das drogas, que comovido prontificou-se:

– Senhora, eu compreendo a relutância de vocês e sei que não deveria me intrometer, sobretudo em face de ser um dos usuários de drogas, mas estou lúcido e percebo a aflição de vocês. Confesso que essas coisas me confundem muito a mente, porque em realidade ainda consigo conter o prazer de me entregar ao domínio dessas substâncias. Eu as uso como as usa a juventude ansiosa, talvez por se sentir destituída dos próprios desejos.

O jovem fez alguns segundos de silêncio, evidentemente por sentir vergonha de levar a público seu segredo, e acrescentou:

– Às vezes imagino-me, senhora, derrotado e me deixo dominar por essa imperfeição, embora censure sua gravidade, mas graças a Deus ainda há comigo instantes de lucidez em que consigo abraçar-me à minha maturidade.

Fez nova pausa, suspirou e retornou ao assunto:

– Por essa razão é que quero aconselhar que aguarde o dia de amanhã. Eu prometo, senhora, que me conservarei lúcido e cuidarei para que a menina não saia deste lugar, ou que esteja próxima daqui, e intentarei que ela não se drogue até ao delírio.

O rapaz silenciou outra vez, fitou a todos com carinho e enfatizou:

– Estou pensando seriamente em convencer-me da necessidade de deixar esta vida que não traz benefício algum. Uma vez vencida essa dependência em mim mesmo, então retornarei à faculdade e cogitarei de fazer palestras ilustrativas sobre o desastre que causa o efeito das drogas para nossa integridade moral e física. Pretendo evidenciar a calamidade provocada em nossa saúde física e espiritual por esse pernicioso vício. Invocarei aos jovens que não se justifiquem nos descasos paternos para se lançarem aos antros imundos, onde grassam as epidemias do corpo e a desgraça da alma, pois esse não é o caminho que o Criador traçou para Suas criaturas. Ao invés de adotarem o caminho tortuoso das drogas, há a alternativa do trabalho. Quanto a vocês, há modos de fazê-los compreender suas atitudes. Ao invés de repreendê-los, ofereçam-lhes amor, confiança, compreensão, solidariedade! Graças à minha fé poderosa em Deus, despertei a tempo de voltar atrás nesse pesadelo do mal.

E com timidez, o rapaz fez um apelo:

– Senhora, nada me confere direito algum de lhes pedir algo, mas, por favor, aconselhe seu companheiro a voltarem para o lar! Ele está sofrendo muito pelo estado da filha e muito mais por não poder caminhar como a senhora e vir ao encontro da menina! Vá, senhora! Que Deus os acompanhe!

Susana, hesitante, andou como navegadora sem leme, perdida em meio aos vagalhões em alto mar. De olhos cerrados deixou-se conduzir pelas mãos do jovem desconhecido. Ele, educadamente, abriu a porta do carro e aguardou, paciente, que ela se acomodasse no banco traseiro, ao lado de João Carlos, que estava com o rosto pálido e molhado pelas águas lacrimais.

O rapaz a olhou e falou como se ela fosse sua mãe querida:

– Confie no que prometi à senhora! Confesso que esse encontro com vocês me emocionou bastante e me estimulou a perseverar na regeneração a que me proponho. Vocês me lembraram minha genitora, que tanto implorava para que eu me libertasse desse vício. Creio que agora darei a ela esse prazer, graças às dores que vejo em vocês. Obrigado, senhora!

Fez silêncio e, antes que o motorista desse partida no carro, ele pediu:

– Peço que me deem permissão para visitá-los. Desejo servir de guia para conduzi-los ao encontro com a filha. Tentarei ajudá-la a afastar-se dessa sedução viciosa e controlar-me para me desfazer desse mal em minha vida.

Susana não sabia se devia confiar nas palavras daquele jovem estranho, permanecendo sem nada dizer. Não ofereceu amizade, nem endereço, apenas um aceno de cabeça. E saíram para retornar ao lar.

De volta à casa, deixou João Carlos aos cuidados do motorista e recolheu-se aos aposentos, para meditação. E só deixou o quarto quando a servidora avisou, com leve batida na porta, que a refeição estava posta na mesa. Ela não conseguia alimentar-se e o companheiro nada pedia. Brincavam com os talheres, como crianças sem apetite. Remexiam os alimentos de um lado a outro, sem os levar à boca.

Susana notou que o marido se encontrava absorto, completamente sem ânimo. Ela percebeu que sua abstração agravava o sofrimento do pobre homem. Com voz terna, emocionada, falou, abraçando-o pelas costas:

– Amo você, meu querido! Unamos nossas forças, ainda que estejam fracas! Consolemo-nos com a presença do Pai supremo em todas as vicissitudes de nossa vida! Com certeza, Ele atenderá nossas súplicas. Consideremos que Emanuelle está viva, embora nesse conflito. Felizmente ela não foi destruída por essas substâncias devastadoras. Ela voltará para nosso aconchego. Confie mais!

João Carlos acenou a cabeça em sentido positivo. Suspirou com força, fitou a mulher e, com sorriso entristecido, pediu:

– Estou esforçando-me para acreditar na bondosa vontade de Deus. Mas confesso que gostaria de voltar lá ainda hoje. Por favor, minha querida, não me negue o atendimento desse pedido! Desta vez, quero ser levado até nossa menina para lhe mostrar meu sofrimento e que estou suportando, com muita firmeza, todos esses reveses inesperados. Serei capaz de lutar contra essa lamentável situação até que a consiga derrotar. É muito difícil, mas meu espírito será forte. Conceda-me esse benefício e não me exclua da possibilidade de ajudar Emanuelle. Acho que, com meu amor, farei o que você conseguiu fazer ao jovem ao usar palavras de seu amor por ela, que serviram para estimulá-lo também. Susana, ajude-me!

– Meu amor, minha preocupação é vê-lo decepcionado tal qual fiquei! Não quero que sofra mais do que já está sofrendo! Então, iremos! Prouvera a Deus que a encontremos no mesmo lugar!

João Carlos olhou para o relógio em seu pulso, suspirou e disse:

– Desculpe, Susana, a minha insistência, mas são dezesseis horas. Não seria o momento oportuno para irmos?

Ela o acariciou, passando a destra por sua face. Fitou-

-o com ternura e concordou, meneando a cabeça afirmativamente. Chamou a servidora e pediu que levasse o recado ao motorista.

Com a habitual presteza, o servidor se apresentou:

– Pois não, senhora! Estou ao inteiro dispor para o que for preciso.

– Batista, nós gostaríamos que você nos reconduzisse aonde encontramos Emanuelle, para intentarmos reavê-la. É o desejo de João Carlos. Prepare o carro, por favor!

– Em segundos estarei pronto, senhora! Levarei o veículo para a parte avarandada da frente, a fim de facilitarmos o embarque do nosso prestimoso senhor.

– Por favor, Batista! Realmente será melhor que nos fundos!

– Minha opção por embarcar nas partes internas, dos fundos, se devia ao meu orgulho – retrucou João Carlos, quando o motorista apareceu. – Eu não queria que, da rua, pudessem notar o declínio que a vaidade me impelia a dissimular. Sempre me apresentava bem trajado, de corpo ereto, ostentando o perfil da nobreza. Infelizmente a circunstância me transformou neste estado de morbidez.

Silenciou por um instante e, contristado, fitou a esposa e o motorista. Seus olhos marejavam. Suspirou profundo e continuou:

– Sei que estão pensando que ainda pretendo exibir aparência prepotente. Vocês não se enganam, mas estou aplicando-me à imperiosa necessidade de me desfazer dessa mania de grandeza, que talvez seja pior que o vício das drogas. Deixemos de irrelevância e vamos ao que nos interessa... Por favor, Batista!

O motorista, com sentimentos nobres e deveras bondade, ergueu João Carlos nos braços fortes e o transportou para o carro. Arrefecida a agitação do incapacitado, dirigiram-se em busca de Emanuelle. Encontraram-na ao lado do jovem que lhes havia prometido conversar com ela. Aparentava estar tudo bem. Sentada na calçada, com os joelhos curvados, abraçada em torno das pernas, cabeça inclinada sobre os braços, a moça denotava completa alienação. Um quadro que Susana jamais desejaria passar para as telas, onde não se reproduziam senão encantos naturais, ao passo que aquela cena evidenciava verdadeira tortura.

O veículo foi estacionado a certa distância, precavendo que se facilitasse o transporte de João Carlos, pois se pretendia que a filha visse o pai chegar, auxiliado pelas mãos da mãe, que sofria profundamente. A intenção era causar comoção à menina, na esperança de que ela abandonasse a dependência destruidora.

O rapaz despertou Emanuelle. Ela ergueu os olhos lânguidos e voltou-se, como se não conhecesse os visitantes. O moço, então, foi até eles e exclamou:

– Falhei, amigos! Nada consegui. Emanuelle, infelizmente, está entregue a grande alienação. Sua mente desordenada não me permitiu cumprir o que havia prometido à senhora, mas volto a comprometer-me a ajudá-la assim que me for possível. Não posso garantir que ela me esperará neste lugar, sempre. Algumas vezes nos perderemos, com certeza. Contudo, eu a buscarei onde quer que esteja.

– Obrigada, meu jovem! Deus permita que persista

na esperança de encerrar essa vida e reiniciar, ao lado de seus pais, uma existência de fé e de amor. Deixe Emanuelle conosco, é nosso dever; nós é que devemos cuidar de sua insanidade. Quem sabe um dia nossas orações serão ouvidas pelo Alto! Obrigada. Deus o abençoe!

O jovem desconhecido, mas prestimoso, inclinou a cabeça e, a par da aflição da mãe presente, ponderou o sofrimento de sua mãe, prometendo a si mesmo deixar a vida que leva todos para o tortuoso caminho das drogas.

Passava-se o tempo. Os pais de Emanuelle perseveravam na esperança de, um dia, merecerem que a bondade divina os agraciasse com o retorno da filha ao lar.

Quanto ao jovem prestimoso, não mais o viram, mas sempre obtinham notícias através de outros usuários que o conheciam e comentavam sobre sua conversão e seu desempenho honesto ao lado do pai, um proficiente industrial.

Tais notícias deixavam João Carlos e Susana mais confiantes em reaver a menina ao lado deles, cuidando dos negócios junto com o irmão, que persistia nas suas atribuições empresariais no exterior. Graças ao seu habilidoso desempenho é que se não derruíram as empresas da família.

Certa feita, presentes em reunião de pais que padeciam de idêntico sofrimento, Susana e João Carlos ouviram testemunho de uma oradora que também tivera o filho no tortuoso caminho das drogas, mas conseguira libertá-lo, recorrendo ao mundo espiritual, através de preces, de onde lhe viera esplendoroso socorro. Então ela discursava:

– Queridos pais, não estou aqui para trazer a vocês uma intimação religiosa, mas para mostrar-lhes a ação auxiliadora que obtive em favor de meu filho. Eu me achava desguarnecida de potencial para ajudá-lo a se afastar dessa destruidora dependência. Desestimulada, entreguei-me ao abandono, sob pretexto de que nada mais haveria a fazer.

"A vida deixara de ser importante para mim. Por que sobreviver ou ir à busca de felicidade, se havia perdido meu filho para o vício alucinógeno? Porém, pais sofridos, jamais desistam! Nunca percam a fé! Lembremos que Deus existe e nos abre as portas da esperança! Achando-me perdida, encontrei pais que haviam encontrado o caminho da salvação. Convidaram-me a ir a uma casa onde fui muito bem recebida. Lá me ofereceram apoio em ombros amigos. O recinto é acolhedor e me propiciou desejada paz. Trata-se de um lugar maravilhoso, uma casa espírita, onde me conscientizei sobre aquele verdadeiro inferno, para onde meu filho amado havia sido levado.

"Durante os trabalhos de doutrinação, surgiu esclarecedora mensagem pronunciada por abnegado irmão invisível, procedente do imenso mundo celestial. Nela, ele fazia referência a sobre como são conduzidas as criaturas encarnadas para o tortuoso caminho das drogas, esse antro em que são martirizadas. A mensagem dizia que os dependentes químicos são conduzidos por entidades desencarnadas que, quando viviam na Terra, necessitavam das substâncias alucinógenas para sobreviverem. Ao partirem para o outro lado, levaram consigo tal dependência. Agora, desprovidos do corpo físico, prevalecem no comprazimento de tíbios irmãos encarnados, para induzi-los a se drogarem. Uma vez drogados, os viciados desencarnados neles se encostam e sugam a substância com que ainda se alimentam no Além. Tais entidades sugadoras deixaram a Terra como sendo assassinas de si mesmas, dizimadas pelos efeitos dos alucinógenos.

"Quanto às pessoas dependentes, meus queridos! Se não recorrermos à ajuda do Alto, poderão nossos filhos chegar à loucura. Então, mais nada poderemos fazer por eles. Em tal insanidade, atingirão distúrbios mentais profundos, sendo destituídos dos modos habituais de pensar, sentir e agir. Serão submetidos a extraordinária mudança de atitudes, tornando-se assim bonecos desprovidos de sentimentos. É como se sua alma, não suportando aquele corpo inerte, se afastasse, deixando apenas os órgãos sensoriais sob domínio das entidades vampirescas, para o consumo das drogas. Os dependentes químicos encarnados chegam a se incapacitarem para se compadecerem. São frios, insensíveis e apáticos às emoções."

A senhora fez pequena pausa, tomou um gole de água, pigarreou e retornou:

– É angustiante para os jovens que se entregam a esse hábito. Eles são incentivados por espíritos malfazejos a se entregarem cada vez mais às alucinações provocadas pelas drogas que vêm até eles, em consumos variados, como todos vocês têm notado. Não estou aqui para despertar o interesse de se tornarem frequentadores das casas espíritas. Não, amigo...! Apenas trago informações de como consegui afastar meu filho desse tortuoso caminho. Mas aconselho que façam muitas preces para o Alto e peçam ajuda para afastar seus filhos desses repugnantes monturos de cinzas do mal. Tenham, também, mais piedade dos espíritos sofredores e roguem por eles. Que Jesus os abençoe.

Ao término da reunião, Susana chorava desesperada. João Carlos, de olhos cerrados, rogava aos céus proteção para a filha. Pedia, com fervor, que o Pai afastasse de Emanuelle os malfazejos irmãos, que também eram sofredores e necessitavam de bênçãos de luz.

Susana levantou-se e aproximou-se da discursista, pedindo socorro. A experiente mulher falou com suavidade:

– Creia-me, amiga!?

– Susana! – aparteou a mãe de Emanuelle.

– Amiga Susana, gostaria muitíssimo de ajudá-la, mas só a vocês competem a fé, a compreensão e a vontade de irem ao encontro da piedade divina. Somente a sua credulidade pode trazer de volta sua filha à realidade. Não se devem sentir obrigados à busca do amor do Pai, mas sintam como um dever das criaturas para com o Criador. Só assim entenderão a verdade sobre os acontecimentos dolorosos ocorridos com sua filha. Quando se sentirem seguros de que tais fatos são naturais e de que não se trata de imaginação ou utopia, procurem-me que mostrarei onde encontrei a cura para meu filho.

A bondosa senhora colocou a destra no ombro de Susana, sorriu-lhe e complementou:

– Longe de mim afastá-la de meu convívio. Quando quiser me visitar por questão de boa amizade, estarei a seu dispor. Gosto de fazer amigos. Amo as pessoas indistintamente da índole, mas especialmente os menos favorecidos pela sorte. A esses, abro constantemente minhas portas. Sou dona de grandes posses, mas a tempo notei que a fortuna na Terra não nos salva de tragédias como as que causaram estarrecimentos a mim e à minha família. Presenciávamos a destruição do nosso filho, em meio às drogas, e não tínhamos a quem recorrer. Acolho com carinho a todos os que se submetem à vontade de se reabilitarem. As casas espíritas são lugares especiais a que se deve recorrer para socorro aos condenados a esse vício horroroso. Nelas obtivemos acolhimento benevolente e participamos de trabalhos espirituais, dirigidos por médicos que se especializaram em doenças neuropsíquicas, que cuidam da neurose e da psicose dos doentes pelas drogas. Lá, tudo se faz com muito amor. Por isso, recebeu o nome de Casa da Amizade. Não se trata de um centro para estudos especificamente sobre a doutrina espírita; sua peculiaridade é, sobretudo, a recuperação de dependentes químicos encarnados na Terra, mas os trabalhos de salvação são voltados também para os irmãos sofredores do espaço.

– É...! – replicou Susana – é certo que somente o dinheiro não nos propicia bem-estar. O pior de tudo é que ele facilita a desgraça nos lares. Nós tivemos, ou ainda temos, consideráveis haveres; hoje não sei como andam os negócios. Nada disso me interessa, a não ser a cura de Emanuelle. A grande preocupação com fomentar nossa riqueza é que afastou Emanuelle do nosso convívio. Ademais, achávamos que ela deveria fazer-se amiga apenas de grupos com expressão social como a nossa. E foi aí que erramos!

A essas afirmativas, a estranha oradora interferiu:

– Está na hora, Susana, de remediarem tais falhas! Por que não auxiliarem os irmãozinhos que padecem no tortuoso caminho das drogas? Por que não levar lenitivo aos pobres jovens, internados nas casas de ajuda aos que sofrem da dependência química? Convide seu companheiro e procurem uma dessas moradas mais próxima a vocês. Deem-lhe ajuda!

Mas Susana não se sentia preparada para submeter-se a tais préstimos sugeridos, enquanto não conseguisse libertar a própria filha das garras ferinas dos entorpecentes. Ela não achava justo ir levar lenitivo a estranhos, enquanto a filha permanecesse entregue à própria sorte. Então, se perguntava:

"– Como seria minha vida diante do indizível sofrimento de minha filha? Socorreria estranhos e deixaria Emanuelle sem socorro? E o amor que devotamos a ela?"

Tais perguntas eram feitas até mesmo quando ela repousava a cabeça nas almofadas, amigas conselheiras:

"– Não...! Jamais faria isso, antes que tomasse conhecimento da recuperação de minha filha. E qual seria a ajuda para Emanuelle? Sobre isso ninguém se manifestara, e nem mesmo minha conselheira prometeu ajudar!"

Susana decidiu aguardar o resultado de suas orações. Seu sofrimento parecia agravado, tão grande era sua aflição.

Conversando com João Carlos, ela perguntou se ele havia entendido o que ouvira na reunião. Ela não sabia se estava sendo incrédula ou se lhe faltava discernimento. Então o companheiro, com cuidado, para não deixá-la mais perturbada, respondeu:

– Susana, às vezes nos torna difícil entender certas explicações, por estarmos absorvidos nas nossas preocupações familiares. Confesso que também encontrei dificuldades para entendimento daquela parte espiritual, embora ouvisse muitas vezes você dizer sobre algumas transformações a que estamos sujeitos na Terra. Caso não saibamos dirigir nossa vida, ficaremos expostos ao fracasso e podemos estar contradizendo a vontade do Pai. Diante do que você me disse, querida, já podemos encontrar suporte para o que disse também a senhora Carla. E acrescentemos as homilias historiadas pelo sacerdote, na igreja, quando lá íamos com frequência. O pároco dizia sobre necessidade da fé divina e, sendo assim, devemos procurar em nós a virtude que nos inspirará mais confiança na recuperação de nossa filhinha.

– Sim!... – interrompeu Susana, – mas me refiro, João Carlos, ao modo pelo qual a oradora expôs suas palavras! Ela comentou sobre certa mensagem que surgiu durante os trabalhos, dizendo que os usuários de drogas são estimulados por pessoas já mortas, que também eram dependentes quando vivas. Essas coisas é que não penetram na minha mente. Posso até ter dito algo sobre as transformações das pessoas na Terra, conforme você me lembrou, mas não sei explicar se tais afirmações são de minha própria inteligência ou se são imaginações que às vezes salientam em minha mente e eu as comento quase sem o perceber.

— Entendo! — exclamou João Carlos. — Então não seria por essa razão que deveríamos crer e tentar esse tratamento sugerido para nossa menina? Que acha?

— Ó, João Carlos, não tenho cabeça para raciocinar. Está tudo tão difícil de entender... Vamos tentar mais um pouco com nossas orações?!

— Claro, querida! Claro. Mas não se esqueça de que alguns minutos perdidos poderão procrastinar a cura de nossa querida menina. Quanto a mim, creio que devamos ir já em busca de ajuda! Mas se decidir que devemos aguardar por mais tempo, acatarei sua decisão.

João Carlos estava com esperança de que a filha conseguisse amparo, caso fosse à Casa da Amizade. Ele arrogou a si a culpa da degeneração de Emanuelle, porque trazia inscrito em sua mente o que Susana havia dito sobre as transformações passíveis de ocorrência, no decorrer da vida presente, que poderiam distanciar as pessoas da vontade do Senhor. Ele acreditava nisso, pois seu orgulho e sua vaidade é que levaram a criatura gerada no ventre de sua mulher a perder-se. Ele estava ciente de sua falha. Remoía, no pensamento, a angustiante verdade. Prometia a si mesmo que convenceria a companheira a procurar tratamento na Casa da Amizade. Estava certo de que não lhe seria difícil, porque Susana tinha inclinação por aquela doutrina que tanto falava nas reconciliações com Deus, com a própria vida, reconhecendo as verdades preconizadas pelo mestre Jesus, em especial sobre a prática da caridade, a mais virtuosa moral religiosa.

João Carlos refletia:

"– Lembro-me de que realmente fiz alguma caridade, mas só agora reconheço que pouco pratiquei o bem. Tão insignificante foi minha contribuição, que a joguei neste caminho tortuoso, ó pobre Emanuelle! Que fiz com você, minha adorada filha!? Papai promete tirá-la desse tormento. Comprometo-me com nosso Pai a oferecer nova vivência a você, onde retornará ao caminho do bem e descobrirá a realidade para sua vida terrena, filha! Peço-lhe que seja indulgente para comigo! Perdoe-me!"

O sofrido pai, desesperado, rogava ao Senhor misericórdia para com sua desobediência, por não ter cumprido o que havia prometido a Ele ao ensejo de seu regresso à Terra. Sua dor torturava-lhe, aos poucos, a alma dolente.

Passara dois meses do encontro com a senhora que discursara, dizendo que a casa espírita poderia ajudar na recuperação de jovens usuários ou dependentes de drogas.

João Carlos não suportando mais a incriminação da consciência, e chorando pediu a Susana que o ajudasse a corrigir seu erro, levando Emanuelle àquela casa que a senhora Carla havia indicado:

– Querida, você disse-me que não tinha encontrado ajuda! Sequer o pedido feito àquela mulher fora atendido! Mas, refletindo melhor, ela nos mostrou que devemos decidir por nós mesmos, pois a vontade é individual e Deus não nos obriga a andar com muletas se temos força necessária para caminhar, seja com passos indecisos, mas com a esperança de chegarmos ao alvo a que fomos destinados. Portanto, é meu desejo reformular minha determinação. Peço-lhe, pois, que levemos nossa menina ao tratamento religioso, onde a senhora Carla encontrou cura para seu filho! Estou sofrendo muito com meu arrependimento! Não suporto mais essa angústia!

– Faremos, João Carlos, o que me pede. Realmente não vejo nenhum mal nisso! Embora eu não acredite, tentaremos!

Susana estava concordante com o companheiro, talvez por se sentir em depressão física. Mas sua maior derrota era sentir sua moral ferida. Isso a afligia com mais rigor, porque dilacerava profundamente sua alma, que havia sido moralizada na religiosidade católica. Propalava as belezas naturais através de suas pinturas, porque amava tudo que vinha prescrito por Deus, segundo lhe transmitiam os ministros de sua religião. Então temia que, doravante, não conseguiria transportar para as telas a beleza universal que lhe ensinavam. O universo já lhe parecia obscuro e suprimido de sua existência. Ela não mais dispunha da vontade de reproduzir as alegrias naturais nas telas com que se encantava seu espírito, e até se privava de visitar seu ateliê. Sequer sentia prazer de olhar o que já estava pronto. Sua mais recente obra ela realizara pouco antes que Emanuelle se evadisse de casa.

Ela retratara a bela imagem da filha, para presenteá-la em seu aniversário. Muitas vezes pensou fixá-la na parede alva do quarto da menina, mas faltava-lhe coragem. Então a tela jazia no cavalete, no olvidado estúdio. Não mais se via brilho nos olhos de Susana. Além do sofrimento causado pelo afastamento da filha para uso de drogas, a genitora ressentia-se de uma dor abdominal que lhe surgira, provocada por tumor maligno.

Ante o evidente desalento da esposa, João Carlos voltou a apelar que o levassem em busca da solução sugerida, pois estava esperançoso de que a casa espírita os ajudaria a encontrar solução plausível para tais vicissitudes.

Mas Susana sugeriu que, antes, voltassem a procurá-la e oferecessem o amor que talvez lhe houvesse faltado. João Carlos, embora desestimulado, aceitou.

CAPÍTULO 5

O FUNDO DO POÇO

Passara um mês..., dois meses..., e eles persistiam nas visitas à filha. Entretanto, mantinham-se à distância, aguardando pacientes o momento propício para se aproximarem.

Certa manhã, Emanuelle, denotando plena inconsciência, encontrava-se sentada no chão, encostada na parede, com a cabeça pendida para o lado. De sua boca, descia um líquido alvacento. A menina não estava bem. Aparentemente, ela se entregava à morte. No desespero, foi solicitado socorro. Um carro destinado aos primeiros socorros a conduziu para um hospital público, onde foi medicada. Recuperada da perda de memória, Emanuelle evadiu-se, retornando para outro ponto de drogas.

Os pais não conseguiam notícias e, desesperados, não sabiam como proceder. Entretanto, continuaram a visitar o lugar de costume, com a esperança de que ela voltasse.

A jovem caminhava hesitante. Que lugar seria aquele que ela desconhecia? Sentia-se com distúrbios. Entidades espirituais malfazejas espalhavam fluidos magnéticos, deletérios, causadores de lesões e condutores de paixões pelas quais, às vezes, os indivíduos não têm interesse próprio, mas são induzidos a aceitar. Um enigma na vida desses delinquentes que violam as leis morais e terrenas. Era o que estava acontecendo com a pobre Emanuelle. Confusa, indagou onde ficava determinada praça.

Lá ouviu diversas informações desencontradas, deixando-a mais desorientada. Após exaustiva procura, deteve-se defronte uma praça florida, com bancos de cimento. Com a cabeça girando pelo efeito dos medicamentos e pela interrupção no uso dos entorpecentes, ela aproximou-se de um dos bancos, sob uma vetusta árvore, e deitou-se, insensível aos adornos naturais do recinto. Entregou-se à morbidez, como se a vida não mais existisse para ela.

Decorrido o lapso de algumas horas, Emanuelle despertou. Seu corpo carnal, encharcado da sudorese, tremelicava de frio. Ocorreu-lhe sensação de desfalecimento. O mundo girava em torno de seu corpo. Sentiu fome. Encolheu-se, abraçando-se a si mesma. Pela primeira vez, após seu envolvimento com o tortuoso caminho das drogas, ela chorou. Chorou, recordando a casa paterna, lembrando-se do aconchego de seus pais e de tudo que possuía ao lado da família. Sentiu imensa saudade. "Meu Deus! O que fiz? Onde estou? Não tenho noção alguma de que lugar seja este!"

Doía-lhe o estômago pela falta de alimento e muito mais em face da ausência das drogas. Saiu combalida pelas ruas até que encontrasse outro lugar aprazível aos usuários de entorpecentes. Voltou à mesma cena. Foi acometida de vertigem, deitou-se em um banco e, desta vez, entregou-se ao sono profundo. Em sonho, surgiu, de pé, à sua frente, um senhor aparentando ser espírito de superior elevação, com maneiras dóceis e olhar afetuoso. A aparição mostrava semblante paternal. Aproximou-se, segurando-lhe a destra, e perguntou:

– Que faz você, filha, de sua vida? Por acaso você não encontrou o afeto e o amor desejados? Talvez seja por isso que se tenha sujeitado a vagar por caminhos tortuosos que a estão conduzindo a essa prostração física e moral. Saiba que a humanidade e Deus se compadecem dos desprovidos da realidade, desde que se inicia sua existência na Terra. Mas, para esses infelizes, realmente nada existe além do mundo que eles escolheram. Então, são dignos de piedade. Você não, minha jovem! Você foi agraciada com o privilégio de trazer, ao renascer, a luz da verdade, do amor e do sentimento, arraigada em sua alma bondosa. Deus a criou para viver transmitindo virtudes ao mundo em que nasceu. Seu verdadeiro desígnio seria, desde passadas épocas, adejar por entre as estrelas, lançando o brilho da luz com que o Pai a agraciou. Mas você o negligenciou. Doravante, submeta-se à opção pelo bem ou pelo mal, entregando-se a exaustiva caminhada, em busca da força e da paz do Senhor. Contudo, a opção não competirá senão a você.

A presença da bondosa entidade parecia estimular

Emanuelle a optar pelo caminho do bem, enquanto estava entregue ao sono profundo. O conselheiro alisou-lhe os cabelos com carinho de pai amantíssimo e, condoído, voltou a falar:

– Querida menina, segundo projetado por Deus, você deverá viver por tempo determinado na Terra. Não se decline dos planos do Criador. Não se oponha às ideias celestiais. Não dependerá senão de você, doravante, optar pelas veredas sóbrias ou pela senda dos vícios; retornar para sua casa paterna ao aconchego de sua bondosa família ou perambular por ínvios caminhos até que possa encontrar o angustiante convívio com os infelizes condenados ao uso dos entorpecentes.

O iluminado protetor voltou a silenciar e, compenetrado, por instantes, retornou ao assunto:

– Seu padecimento se deve à sua obstinação por inadmissível causa, provocada por seu próprio erro. Não condene quem lhe ofereceu vida! A dor a que os submete encontra-se oculta na mais profunda entranha de quem a ama. E você, sempre amada, deve libertar-se dessa tortura, pois não haverá escolha ao findar da vida. Os efeitos dos entorpecentes são danosos. Não há volta para os usuários que se obstinam como está acontecendo com você. Escolha o caminho do bem, pois é a natureza divina!

O bondoso espírito ainda intentou conscientizá-la do seu erro:

– Consegui aproximar-me, porque o Pai a revestiu com uma redoma fluídica, cuja proteção impediu a interferência das entidades inferiores. Já se nota, por sua debilidade física e moral, o seu fracasso. Aqui estou para lhe trazer a paz e a reconciliação com Deus que o Cristo preconizou. Siga por essa senda do amor até à bifurcação e lá faça sua opção pela estrada que realmente pretenda continuar. Só a você competirá seu ingresso na existência da perfeição e do bem. Deus a agraciou com livre escolha... Saiba usá-la.

O bondoso amigo celeste espalmou as mãos sobre Emnuelle, emitindo partículas luminosas. O corpo espiritual da moça ficou aureolado como se houvesse sido coberto por nuvens de algodão. O espírito superior, configurado em forma humana de um idoso, o espírito protetor de Emanuelle queria conduzi-la para uma reta inundada de luz.

Emanuelle despertou. Ainda sonolenta, não compreendia o que havia acontecido. Por que aquela sensação estranha, como se houvesse acontecido um encontro entre ela e alguém muito especial? Não conseguia reproduzir na memória esclarecimentos plausíveis para sua perturbada mente. O olvido das existências passadas, aliás, é natural; Deus não poderia conceber tais lembranças, pois, se as permitisse, privaria o encarnado de decidir sobre seu adiantamento individual.

Ergueu-se do banco com a cabeça em vertigem. Saiu andando como se realmente estivesse sendo orientada por alguma instrução. Já era noite. Continuou caminhando, aleatoriamente, até a bifurcação da rua. Aí ela se deteve, porque hesitava quanto à escolha da alternativa a seguir. Então a menina cerrou os cílios, abriu os braços e rodopiou interrompendo o giro, ainda de olhos fechados, como se houvesse uma bússola para se orientar sobre seu destino. Imaginou-se em determinado local com muitos jovens a seu lado. Descerrou as pálpebras e recordou o lugar de onde seu corpo inerte havia sido retirado. Ela voltou-se para a direita e sentou-se na calçada.

Levou as mãos à fronte, como se quisesse amparar a cabeça e, como um relâmpago, surgiu-lhe, na mente, a alternativa sugerida pelas entidades malfazejas, conduzindo-a às drogas. Seu coração disparou. Precisava delas. Saiu correndo e logo encontrou o local. Seus companheiros de infortúnios estavam reunidos e mergulhados nas substâncias tóxicas. A jovem misturou-se na turma e, aflita, pedia que lhe socorressem a insana avidez. Logo, um rapaz levou aos seus lábios um cachimbo a que ela sugava desatinada. Emanuelle se saciava com entorpecente de teor tóxico muito forte, que provoca inconsciência e excitação, agindo sobre as células do sistema nervoso. O produto produz efeito de sensibilidade à dor no aparelho orgânico e pode causar enfermidades irreversíveis.

Tal a avidez da menina, que o uso desatinado e excessivo da droga a levou à extrema prostração inconsciente. Os jovens permaneceram apáticos. Estirada na calçada, sobre papelões, ela exibia configuração cadavérica. Durante toda a noite permaneceu fora de sentidos, sob o domínio da droga. Ao amanhecer, paulatinamente lhe foram retornando os sentidos, mas ela despertara agitada. Sentou-se onde estava antes deitada e pediu a um desses meninos, criados à solta, que lhe emprestasse um cigarro. Utilizando os indicadores e os polegares das duas mãos, ela própria embrulhava o pito de papel subtraído do lixo. Acendeu-o, devorando-o em segundos. Não tinha recursos para adquirir drogas. Então, chamou o menino e o convidou a esmolarem, alegando que as crianças despertam mais sensibilidade às pessoas que se dispõem à caridade. O garoto estendia a mão pedindo que lhe saciassem a fome e arrecadava algumas moedas. O suficiente para adquirir o que lhe estava faltando.

Emanuelle pegou as moedas e ofereceu pequena parte ao garoto. Ele reclamou, instando que sua parte deveria ser maior, porquanto ele é que havia esmolado. A discussão se acalorou até que usaram as mãos e se agrediram mutuamente. O menino se armou com um porrete, atingindo a adversária com forte bordoada na cabeça. Ela foi ao solo, sem sentidos. O garoto evadiu-se, levando consigo apenas o que lhe foi entregue. Ao despertar, Emanuelle foi à procura de quem a abastecia com entorpecentes. Retornando ao covil, estavam todos os companheiros expostos cada um em seu lugar. Emanuelle puxava o pó com ganância. Um dos rapazes falou:

– Ei, garota, pega leve! Agora mesmo acaba seu bagulho e vem nos perturbar. Vá com calma, ô gente boa!

– Não pedi sua opinião, ô careta!

– Cale esta boca incompetente! – ripostou o rapaz.

Quando Emanuelle ameaçava responder, um veículo parou ao lado deles. Chegavam os pais da menina e perceberam o perigo que ameaçava a filha. Susana saltou do carro e correu para abraçar a menina, dando-lhe proteção, mas ela esquivou-se dizendo:

– Não preciso de seu amparo! Sou bastante competente para me defender sozinha! Detesto asas de anjos. Dê o fora!

– Minha filha, você está me estranhando? Sou sua mãe! Eu a amo tanto! – replicou Susana.

Todavia, a menina desconsiderou:

– Mãe! Que mãe? Ama! Como é seu amor? Um sentimento sem emotividade? Agora, não adianta vir dizer que me ama! Quando mais precisei, você negou-me sua confiança, desestimulou-me a força moral, jogando-me nesse tortuoso caminho. Não!... Você se diz minha mãe, mas não soube compreender que o verdadeiro sentimento materno é de vital importância para os filhos! Não me ensejou falar-lhe do meu puro amor por André, por ser ele de casta negra! E não adiantou, querida mãe, porque esse elo é sagrado e, se não foi concretizado neste mundo de agora, inibido pelo orgulho, será no extremo, onde reina a paz. Nosso amor é sagrado e, no outro lado da morada eterna nós nos uniremos para sempre.

– Não fale assim, minha filha! – suplicou Susana. – Não basta o que sofro? E seu pai que, além das dores físicas, sofre a aflição moral! Ele foi baleado e ficou paraplégico quando se dirigia àquele morro para salvá-la! Emanuelle, ainda que me repudie, aceite seu pai! Ele está ali no carro, porque não tem condições de vir até você. Vá até ele e lhe ofereça seu amor! Sabemos que ainda existe sublime disposição afetiva em seu coração! Filha, não despreze a expressão viva de amar, de manifestar ternura, existente em seu pai por você! Não percebe que está ferindo o amor-próprio de seu pai?

– Ah, que pena! – criticou Emanuelle – está apiedada? Por que não pensaram antes? Eu nada sinto, se é o que querem saber.

– Não é verdade o que está dizendo! Emanuelle, lembre-se de como ele era altivo, poderoso, mas sempre altruísta. É, filha... Você jamais soube que seu pai escondia em sua alma a verdadeira generosidade. Ele na verdade beneficia os pobres, porque por trás daquela máscara imponente, há compaixão para com os necessitados. Hoje, detido pela paralisia, está inibido de ir até eles, mas destaca um agenciador de seus negócios para substituí-lo na visita aos carentes. Sinta piedade, minha filha. Seu pai sofre imensamente por não poder estar ao seu lado! Mas, infelizmente, ele não anda desde que foi atingido, nas costas, pelo disparo que lhe desferiu aquele traficante que a ameaçava de morte.

Emanuelle deu de ombros e ia saindo, quando ouviu o chamado aflito do pai. Deteve-se e, de cabeça inclinada para o chão, ouviu as súplicas do genitor:

– Se em você ainda existe um mínimo de afeição por nós, filha, ouça-me: por Deus, eu imploro! Não seja injusta! Dedicamos a você um amor generoso, forte e nobre. Agora, só porque nos opusemos, por momentos, ao seu namoro, pensando em salvaguardar seu futuro, você, sem outras justificativas, se entregou a esse tortuoso caminho das drogas e nos conduz também a essa infame derrota?!

– Como disse o senhor? Sem justificativas? Ah, meu pai! A realidade é outra! Esqueceu-se de como agiu comigo, quando falei sobre minha estima por André?

Quase me expulsou de casa... Lembra-se? Foi horrível! Vocês sequer se preocuparam com meus sentimentos! Meu querido pai, sei que errei! De fato não seria motivo para me tornar usuária de drogas, mas fiz questão de fazê-lo, para feri-los como fizeram comigo! Fracassei? É verdade, eu o sei! Minha intenção era, sobretudo, evidenciar o tipo de vida dos jovens que vocês escolheram para me servirem de modelo. Eu poderia afastar-me, quando o percebi; mas concluí que somente chegando ao alvo que vocês indicaram para mim, eu os convenceria de que não se deve entravar uma vida de honestidade de quem ama sem interesses secundários. Quando um filho procura entendimento com os pais, ele espera tudo, menos a incriminação. Sentenciaram-me e sequer me ensejaram atestar minha fidelidade. Não passou por sua cabeça, papai, e da mamãe, a dor que me estavam causando para saciarem o orgulho e a vaidade, apanágio de sua nobreza? Pois, agora, sofram suas consequências!

A jovem se acometera de pranto. Sua alma parecia submeter-se a penas eternas. Ela ergueu a cabeça e, com altivez, continuou:

– Eu não havia escolhido essa delinquência, que tanto me faz sofrer, mas foi a alternativa que encontrei para consolar-me a dor moral. Ainda que hoje eu queira deixá-la, é tarde, pois não conseguirei ficar de frente para a estrada por onde eu antes caminhava. Nessa noite, como um sonho, tive belas informações de como deveria agir. Várias opções me foram sugeridas. Qual seria a melhor? A via reta, à direita, que me sinalizava luz ou a sinuosa que dobrava à esquerda? Resolvi seguir à esquerda e ela me trouxe de volta a este mundo torturante. Como veem, não me resta outra alternativa. Porém, degradada neste covil, alerto a todos os que sofrem desilusões com a família: jamais se atrevam a experimentar esta miserável vida. Não sigam esse caminho tortuoso. Há outras opções, antes que aqui se corrompam. Busquem outra solução na inteligência e na integridade. Tenham firmeza moral e pensem antes, pois as verdades e a justiça de Deus estão inscritos em nosso espírito.

Emanuelle recordava, sem perceber, as lições da noite anterior, ministradas pelo bondoso mensageiro do amor.

João Carlos, contristado, vertendo lágrimas, concordou com a filha. De fato haviam discordado da realidade de Emanuelle; agora purgavam tal negligência. Com voz quase inaudível, o deprimido genitor pediu que o levassem embora. Susana se sentia magoada, não só pelas ousadas maneiras com que a filha se expressou com o pai, mas em especial por não haver confiado na integridade da menina, quando devia. Foi a primeira a entrar no carro, deixando correrem silenciosas lágrimas.

Durante todo o trajeto de volta à casa, mantiveram-se em silêncio. Cada qual compenetrado em seu pensamento. Até Batista tentava encontrar solução para abrandar o sofrimento dos patrões e ajudar a menina a recuperar-se da enfermidade contraída nas drogas. A doença da dependência química.

Decorreram vários meses desde que os pais da menina se sentiram soterrados sob os escombros da ingratidão. Não mais tiveram coragem de ir ao encontro de Emanuelle. Aquela vida não condizia com a que sonharam para a filha amada. Doíam-lhes no espírito as verdades que ouviram da jovem.

Mais um ano se passara. Emanuelle chafurdava-se irremediavelmente na dependência química, tanto que, raríssimas vezes ela era encontrada em estado consciente. Eram constantes sua apatia e sua inércia. Quando agredida pelo torpor, comprazia-se com a interferência das criaturas malfazejas do invisível que a estimulavam à prática do mal.

Após insana luta contra a vontade de ir ao encontro da filha, mas premidos pela dor, pela saudade e pela ânsia de a reverem, João Carlos e Susana reassumiram a ronda que haviam abandonado. No momento em que os genitores chegavam ao local dos costumeiros encontros dos toxicômanos, acompanhados do motorista Batista, os pais de Emanuelle viram que três agressores avançavam contra ela.

Susana, revoltada, fez menção de sair do carro para socorrer a filha, mas João Carlos instou que ela não interferisse, precavendo que não acontecesse com ela o mesmo que acontecera com ele:

– Susana, por favor, não vá! Veja o meu estado! Pense que você poderá ser mais uma condenada à cadeira de rodas! Isso é desesperador! Ademais, eu preciso de você! Já não bastam suas dores agudas, que às vezes a deixam abatida?! Além disso, a situação pode ser agravada para Emanuelle! À vista da sanha desses malvados, nossa menina está em risco de vida! Querida, imagine você sobre um leito, sem forças! Que seria de minha vida, inibido até de auxiliá-la? Não, meu amor, deixe Emanuelle entregue às mãos de Deus, Ele saberá resolver essa situação.

– A desditosa genitora prorrompeu em pranto desesperado. João Carlos cerrou os olhos e tapou os ouvidos para não ouvir os gritos da jovem. O motorista recostou a cabeça no vidro da porta do carro e também chorou silenciosamente. Susana, não suportando mais, lançou um grito estridente, assustando os agressores. Eles, então, libertaram a menina e, quando se dirigiam, de armas em punho, em direção ao veículo dos visitantes, ouviu-se um som agudo e estrepitoso. Duas viaturas com policiais armados chegavam subitamente.

Os marginais evadiram-se em possante automóvel que os aguardava. Era outra cobrança de dívida contraída com aquisição de drogas. Emanuelle foi recolhida, desmaiada, em um camburão, e conduzida, novamente, para hospital. Mas, desta vez, escoltada por duas sentinelas que se postaram à porta de seu quarto para prevenir suposto ataque dos traficantes. A enferma estava inconsciente não só pela violência imposta pelos agressores, mas, sobretudo, em face da perturbação causada pelos alucinantes. Ela dizia coisas ininteligíveis, próprias das pessoas tresloucadas.

As entidades invisíveis, malfazejas e oportunistas, não perdiam o ensejo de levá-la ao delírio. Os médicos, para que ela se acalmasse, aplicaram-lhe doses excessivas de sedativos. Tantas foram as tentações dos espíritos do mal para desaparecerem com a menina, para sempre, que os enfermeiros houveram de amarrá-la na cama do hospital. Ela se contorcia como réptil enrodilhando em busca da presa. De sua garganta saíam urros dilacerantes. Durante toda a noite lhe ministraram altas doses de medicamentos. Do Alto, desciam correntes luminosas sobre todo o corpo físico de Emanuelle e, dentro do frasco de soro, eram injetadas substâncias fluídicas, também provindas do mundo maior, graças às preces fervorosas dos pais e do bondoso motorista.

Pouco a pouco a filha de Susana foi acalmando-se e, pela manhã, mostrava-se lúcida e dócil. Então, uma gentil enfermeira acorreu e, enquanto desfazia os laços que prendiam a doente à cama, discorria, com ternura, sobre a vida, destacando que seria maravilhosa para os que soubessem se conduzir na Terra.

Emanuelle a ouvia, silenciosa, mas distante de tudo. Em seu íntimo, ela queria ir em busca dos alucinógenos, de que seu corpo necessitava para se refazer. Percebendo-se a sós, a menina ergueu-se, cautelosamente, e abriu a porta do quarto. Os guardas, exaustos, cochilavam encostados na parte externa do quarto. Ela olhou para um e outro lado. Constatando pleno sossego, saiu pé ante pé e conseguiu chegar à rua sem que fosse molestada, porque estava sendo protegida pelos espíritos obsessores. Eles precisavam abastecer-se com *crack*, droga de alta concentração, a fim de se compensarem pelas horas de abstenção.

Mas, sob amparo do seu guia protetor, ainda que sua

aproximação fosse dificultada pelo assédio dos malfeitores invisíveis, Emanuelle não praticava atos brutais. As preces diárias dos seus pais e do motorista Batista, na sala, frente à imagem do Cristo, com a fé e com a esperança de que haviam de libertar a menina daquele suplício, alcançavam as alturas sublimes.

A espiritualidade maior, a fim de permitir a aproximação do abnegado espírito protetor, envolvia Emanuelle com aura fluídica, resplandecente e refratária às emanações deletérias das entidades inferiores. Pouco a pouco irradiavam sinais luminosos, como se fossem mensagens telegráficas expedidas do céu para a Terra, incitando na mente da filha de João Carlos o desejo de se livrar de tão perniciosa dependência.

Todavia, não lhe ocorria discernimento que permitisse perceber tal beneplácito celestial; então, ela se obstinava no uso das drogas. Mas, o mensageiro do amor houve por bem recorrer à influência da alma de André, estimulando-a a visitar aquele horrendo local e reconhecer Emanuelle.

Numa tarde de garoa fria, André, cuidando de um paciente em sua clínica de tratamento da toxicodependência, foi acometido de estranho calafrio que lhe percorreu o corpo todo, seguindo-se inabalável motivação de andar pelas vias públicas da cidade. Motivo? Não o encontrava. Porém, sua alma estava sendo evocada para alguma missão que ele não entendia, porque tudo se mostrava na mais absoluta naturalidade espiritual. Sua mente o advertia da existência de algum acontecimento ligado à sua pessoa. Pediu auxílio a um companheiro, entregando-lhe o paciente, e saiu pelas ruas como se procurasse por alguém que deveria ser entregue a seus cuidados.

Porque jamais lhe houvesse acontecido tal intuição, ficou preocupado. Conduzia o carro em rumo incerto. O guia celestial estava presente, como se dirigisse o veículo para onde se encontrava a pobre Emanuelle. O clínico deparou com cenas horríveis, exibindo-lhe um grupo de jovens sedados pelas substâncias tóxicas, estirados no solo, agitando-se como se houvessem ingerido veneno forte. O médico suspirou, profundamente penalizado. Olhou para o alto e pensou, entristecido, que caso pudesse socorrer a todos, fá-lo-ia com muito amor. Mas, infelizmente, não dispunha de vagas na clínica. Ainda que não fosse tão pequena. A quantidade de dependentes químicos é que esgotava sua capacidade de internação.

O bondoso espírito de luz intuiu o médico que recorresse à mente inconsciente e o levou a recordar algo que dizia respeito à vinculação com o passado. Assim sentindo, ele estacionou o carro, apeou e caminhou, cauteloso, em meio aos entorpecidos, que sequer tomavam conhecimento de sua presença. Ele saltava sobre uns, rodeava outros, até que chegou aonde o guia desejava. Lá se encontrava Emanuelle. André, inconformado, chorou. Como poderia Emanuelle ter chegado àquela situação!? Era tão pura, meiga, repleta de ternura! Uma pessoa que aparentava moral perfeita! Por que se deixar dominar por entorpecentes? Tomou-a nos braços e a conduziu para o carro. Cuidadosamente, deitou-a no banco de trás; ela nada percebeu, pois estava sob domínio do *crack*. Levou-a para a Casa da Amizade.

André tinha seu quarto destinado às pernoites quando exigidas por casos de *overdoses*, ou seja, uso de quantidade excessiva de drogas, normalmente com bebida alcoólica. Emanuelle ficaria internada em seu apartamento, enquanto se providenciasse um leito destinado a dar-lhe atenção especial. Ele sentou-se ao lado da jovem estirada na cama e, como uma criança, sofrida por maus-tratos, chorou convulsivamente.

Com olhar afetuoso fixo na adormecida, clamava consigo mesmo: "André, por que a deixou só, entregue às proibições dos pais? Por que não enfrentaram juntos, se vocês tanto se amavam? Você, André, tem parte nesta cruel vida de rumo tortuoso. Você nada fez para evitar que ela se embrenhasse nessa estrada de condenação e sofrimento. Ah, Pai! Como esta criatura já não deve ter sofrido!"

Ele queria calar a voz de sua consciência, para que não ouvisse a própria sentença. Acariciava o rosto gelado, esbranquiçado pela dose excessiva de *crack*. Ergueu a adormecida em seus braços, aconchegando-a ao peito. Osculava-lhe o rosto, os cabelos e intentava despertá-la:

– Emanuelle, meu adorado amor, acorde deste entorpecimento, minha amada! Sou eu, seu André! Eu a amo tanto e você sabe disto. Desperte e olhe para mim. Não sou alucinação. Vou salvá-la, tirá-la deste caminho tortuoso. A vida nos acena e nos quer ajudar! Por isso é que me conduziu à sua presença! O amor nos quer unir! Deus mostrou-me onde você estava! Meu doce amor, agora entendo que a sensação estranha que surgiu em meu espírito era para que eu fosse buscá-la, a fim de nos unirmos por força do sentimento vindo das alturas! É vontade do Criador e nossa vontade própria que nos enlacemos para sempre. Minha doce criatura, com certeza eu fui levado até aquele covil por intuição espiritual. O Alto é que me levou até você!

André a colocou no colo como se fosse criança carente de carinho e a embalava cantando a canção de quando se conheceram; quando entre eles florescia um amor puro, cristalino, que os enlevava ao encontro das nuvens e, fascinados, pareciam caminhar sobre elas. Sentiam-se próximos ao céu.

A jovem parecia ouvir distante, como num sonho, a voz de André. Em seus belos lábios, aflorou gracioso sorriso. Ela intentou abrir os olhos, mas não conseguiu. André beijou-lhe a boca, todo afetivo. Ela estremeceu-se toda com seus carinhos. Então, o médico suspirou aliviado, porque percebeu que ela reagia aos seus estímulos, com sentimento capaz de corresponder a seus afetos. Feliz, sussurrou ao seu ouvido:

– Querida, acorde pelo nosso amor. Nosso dia chegou. Deus nos aponta para a liberdade de nos amar, de nos unir, porque nossas almas são inseparáveis. Nós nos reencontramos e, doravante, consolidaremos nosso vínculo de amor. Teremos filhos e seremos felizes, para sempre. Sim amor, para todos os tempos.

André aguardava o despertar de Emanuelle, com paciência. A noite toda, ele se manteve desperto, ansioso por ser visto por ela. Queria abraçá-la bem junto ao peito e falar novamente de seu amor. Mas a jovem dormia serena sob os cuidados amorosos do enamorado médico. Ele pensava em avisar os pais, mas estava receoso. Sua maior preocupação era que eles a levassem da clínica e não permitissem que ele ministrasse a ela tratamento adequado à toxicomania e à expulsão das oportunistas entidades espirituais malfazejas, através de doutrinação. Além do mais, com certeza, tirá-la-iam de seu lado, ao passo que Emanuelle necessitava daquele sentimento grandioso que nutrisse sua alma, que somente o médico lhe poderia oferecer. André a amava com respeito e dignidade.

Emanuelle permanecia em sono profundo e, aparentemente, calmo. O jovem médico segurava com carinho a destra da amada, deferindo-lhe cuidados especiais. De quando em vez, beijava-lhe a fronte ressudada pela debilidade. As horas passavam lentas para André que estava ansioso pelo despertar da moça e sondar sua reação. Assim é que procediam com todos os pacientes que ali compareciam em busca de tratamento, enquanto não houvesse a presença do médico. Mas, com Emanuelle, o médico é que aguardava o despertar da paciente, porque se tratava de sua amada. Não que seria ela privilegiada em relação aos outros sofredores, é que o clínico alimentava certa ansiedade aprazível em ser visto ao lado do seu leito, ofertando-lhe seu amor, mais intenso do que antes. Por certo ela se sentiria mais confiante e isso poderia contribuir para sua convalescença. Todavia, a menina continuava entregue à serena quietude.

Neste ínterim, André foi chamado com urgência para atender a uma dopada que acabara de chegar, muito agressiva, em face do tipo de droga que consumira. Ela havia ingerido excessiva dose de cocaína e estava em adiantada gestação. André ficou penalizado com a situação e empenhou-se em prestar total amparo à pretensa mamãe. Apaziguada a fúria, ele a deixou aos cuidados do companheiro, médico ginecologista, e retornou para sua amada que continuava em sono, porém dando sinais de que estava prestes a despertar.

Caros leitores, a clínica de tratamento específico para drogas, aqui focalizada, além do atendimento à toxicomania, mantinha em seu quadro-médico especialistas em atendimentos diversos.

Era bem instalada e bem equipada para atender não somente a quem chegasse sob efeito das drogas, mas também ao caso da jovenzinha que, além do efeito dos alucinógenos, apresentava-se grávida.

A equipe médica era basicamente constituída de neurologista, psicólogo, ginecologista, cardiologista e André, o proeminente psiquiatra, que prestava excelente atendimento aos doentes com distúrbios mentais.

A droga, meus leitores, incita comportamentos desatinados aos seus dependentes. É regra geral que os toxicômanos se submetem ao domínio de espíritos obsessores, enquanto vivam na Terra e, ao deixarem tal vivência, levem consigo a dependência química que os tornará futuros vampiros de encarnados.

O apaixonado médico fitou Emanuelle e sorriu, feliz. A jovem estirou os membros sobre a cama e parecia estar gostando daquele aconchego morno e harmonioso. Paulatinamente, abriu os olhos. Que surpresa, quando despertou! Estava sobre um leito alvo; o ambiente ensejava muita paz; as paredes eram brancas; as janelas largas permitiam excelente aeração no quarto. O que mais importava a ela é que estava na presença de seu grande amor. Assustou-se, achando-se em outro mundo, que não fosse a Terra. Seu coração palpitava ligeiro.

André emocionou-se. Cerrou os cílios e pôs-se a chorar. Após instantes, olhou-a com ternura e a acariciou. Debruçou-se sobre a frágil criatura e a beijou. Depois, aproximou-se das janelas e as escancarou para dar passagem ao Sol e à brisa morna.

Emanuelle, com esforço, esboçou leve sorriso e estendeu os braços para o médico, como um bebê necessitado de afeto. De seus olhos, escorriam gotas lacrimais e, com voz fraca, pronunciou apenas:

– Perdão!

CAPÍTULO 6

A CASA DA AMIZADE

André, denotando alegria, correu para a jovem amada. Abraçou-a com força e, com voz saturada de afeto, respondeu:
– Perdoar? Por quê, meu amor? Estou tão feliz por você estar aqui ao meu lado! Não consigo explicar esta tão doce emoção! Não me importo com a maneira como a encontrei! O importante é que estamos juntos novamente!

Emanuelle pôs-se a chorar. Seu semblante, ainda que magro e sofrido, mantinha-se formoso. Ela exclamou, desconsolada:
– Estou envergonhada pela maneira que me encontrou!

André, apiedado e cheio de amor, ripostou:
– Meu grande amor, não fique assim! Eu a encontrei para revivermos momentos que tanto desejamos!
– Então você ainda me ama? Meu estado não o decepcionou? – inquiriu Emanuelle.

— Com a mesma intensidade. Você é minha luz, querida. Sofri muito com nossa separação. Agora tudo se resolverá – respondeu o médico.

Mas Emanuelle começou a tremer. Suas mãos estavam geladas pelo suor. Fitando André, começou a chorar. Ele permaneceu calado, esperando, com calma, que ela desabafasse, mas a jovem só chorava, até que limpou as lágrimas, sentou na beirada da cama, com a cabeça inclinada para baixo e prorrompeu em súplicas:

— André, por favor, leve-me de volta! Sinto necessidade das drogas! Tenho sensação de que a qualquer momento vou desfalecer! Por Deus, André! Dê-me, pelo menos, uma pedrinha! Se você me ama de verdade, ajude-me, porque me sinto sufocada!

O médico a olhava penalizado, mas nada podia fazer. Ela tentou levantar-se. Não conseguiu. Sua cabeça girava sob efeito dos sedativos e em face da carência das substâncias nocivas. Esforçou-se para sair da cama. Quase caiu. De repente, ela levou as mãos ao pescoço e, desesperada, gritou:

— Falta-me o ar, André! Socorro!

O bondoso médico, sem se molestar ou intimidar, pois estava consciente das reações das criaturas que se submetem a esse tipo de tratamento, quando despertam. Elas ou sentem sensação de tranquilidade depois de sono prolongado ou se agitam clamando sufocamento, provocado pelos medicamentos. Mas André sensibilizou-se com o pedido de sua namorada. Afinal, ela era deveras preciosa e ele não queria que ela sofresse, embora fizesse o possível para salvá-la da maligna dependência. Então ele aproximou-se e a abraçou, carinhosamente, com voz enérgica e ao mesmo tempo apaziguadora, pretendendo passar-lhe segurança:

– Emanuelle, minha intenção é ter você perto de mim! É fazê-la compreender que seus atos são prejudiciais à sua saúde e mera provocação suicida. Além disso, meu amor por você exige que eu seja mais rigoroso. Infelizmente não devo conceder isso que você me pede. Não ignore que sou um médico e que fiz juramento de defender a saúde física e moral dos que se encontram nesse mar de lama, dominados por essa dependência em que se meteram.

– Não é verdade! Pelo visto, você não sente mais nada por mim! Ao contrário, por certo me ajudaria, alimentando-me com o que me está fazendo falta. Estou entregue à morte por falta desse 'alimento'! Ele me sustenta a vida! André, André, salve-me!

– Estou tentando salvá-la! – replicou o médico. – Mas do meu modo, fazendo-lhe o bem, assim como faço a todos. Todavia, os jovens que aqui comparecem sentem prazer de obter cura desse mal e me ajudam, empenhando-se com sua vontade própria. Faça o mesmo, meu amor! Entregue-se, literalmente, ao desejo de libertar-se dessa dependência desastrosa! Ela está conduzindo-a para um caminho tortuoso. Você não percebe que a quero para nos unirmos numa só carne e completarmos a laranja que, até então, era somente uma metade? Deus é que preparou nosso encontro, a fim de semearmos a semente de nosso amor! Ofertemos a Ele os frutos que nascerão dessa árvore, que plantaremos com nosso amor! Emanuelle, compreenda!

A moça, inconformada, insistiu:

– Não posso conceber que Deus não vê minha dor pela falta do 'alimento' que me oferece vida na Terra. Não! Não acredito que você, André, tão esclarecido, venha ministrar-me essa falsa moral! Tenho convicção de que Ele compreende minha ânsia de voltar à minha caminhada, ainda que me imaginem atormentada. Saiba que, para mim, é o recurso para meu viver.

André cerrou os olhos. Contrariado com o que pensou fazer, suspirou profundamente e disse:

– Infelizmente, minha querida, penso em sedá-la novamente! Não seria minha intenção! Queria que você, por vontade própria, concebesse nosso tratamento e abandonasse esse insano desejo de se alimentar dessas famélicas substâncias alucinógenas, mas vejo que me enganei.

André deixou o quarto e, tomado de tristeza, esqueceu a porta aberta. A jovem conseguiu levantar-se intentando evadir daquele lugar que, para ela, não passava de prisão. Mas não se deu bem desta feita. A segurança era intensa. O local era bem guardado por um portão imenso, de ferro fundido, fortemente trancado. Era de lâminas resistentes e trançadas de forma que não permitiam espaço que facilitasse fugas. Abatida e sentindo-se humilhada, Emanuelle, chorando, caminhou até fastigiosa árvore. Recostou-se no tronco e, desesperada, praguejava seu amor por André:

– Por que fui amá-lo? Não o amasse, não teria essa sombra em minha vida! Eu seria única, livre em minha vivência. Ninguém... Ninguém ousaria inibir-me de agir por mim mesma! Quero sair daqui, meu Deus!

Estas últimas palavras saíram de seus lábios com muita

força e denotando sofrimento. Uma jovem que havia vivido idêntica experiência aproximou-se, carismática, e sentou-se ao lado da menina. Aguardou um instante para iniciar a conversa. Emanuelle permanecia com a cabeça inclinada para o chão, como se articulasse outra fuga. A moça suspirou com carisma e leve sorriso nos lábios e, com voz baixa, preocupada com o que poderia dizer, manifestou-se:

– Olá!

Emanuelle continuou cabisbaixa, enquanto a moça insistiu:

– Olá! Meu nome é Dagmar. E o seu? – A namorada de André permaneceu calada. A jovem esperou por alguns segundos em silêncio. Vendo que Emanuelle não respondia, retornou: – Não quer desabafar? Quero tornar-me sua amiga!... Aceita? Para iniciar gostaria de saber seu nome! Como se chama?

Com dificuldade a filha de Susana e João Carlos, ergueu a cabeça e replicou:

– Não percebe que não quero conversa com você?

– Por quê? Fiz-lhe algum mal? Sequer a conheço! Apenas quero ser sua amiga! Isso porque adoro fazer amizades e você me inspirou confiança!

Nossa menina, ouvindo o que disse Dagmar, muito séria, pediu que a desculpasse. Com a alma deprimida, suspirou profundo e longamente. Passou a destra nos cabelos, ajeitando-os na testa, e desculpou-se, denotando tristeza:

– Desculpe-me! Estou muito nervosa! Em verdade, estou sofrendo! Sou usuária de drogas, por isso é que me trouxeram para cá! Não estou suportando a falta de meus alimentos. Já até pensei em destruir minha vida!

Emanuelle prorrompeu em pranto, com fortes soluços. Dagmar, penalizada, acorreu com gestos carinhosos.
– Não, amiga! Não é desta maneira que se resolvem as aflições de nossa vida! Eu também sofri muito. Fui como você está sendo hoje, mas encontrei, graças a Deus, o doutor André; ele me ajudou e nada pediu em troca. Entreguei-me aos seus cuidados com inteira confiança. Logo percebi que estava cometendo grande erro, vivendo na rua, desavorada. Embora tardiamente, deixei esse vício traiçoeiro, que me levou a acabar com a saúde de meus pais. Arrependida de meus atos, tornei-me companheira para todos que aqui chegam com situação idêntica à que vivi. Não mais quero me entregar aos braços do mal. Hoje, devolvo aos meus irmãos, em sofrimento, todo o bem que nesta casa recebi. Agora, sou feliz! Casei-me com o médico cardiologista que, por muito tempo, lutou para me salvar da morte, porque meu coração enfraquecera em face das descargas eletrizantes que recebi em face do uso da cocaína. Com o passar de dois anos e meio, apaixonamo-nos e considerando aqui minha nova casa, realizamos nosso casamento.

Dagmar fez breve pausa e retornou ao assunto:
– Por favor, não quero me intrometer na sua vida e na do doutor André, mas sei que também existiu grande afinidade entre vocês e que acabam de se reencontrar e perceber que aquele sentimento maravilhoso, que um dia os uniu, ainda existe entre vocês. Então, Emanuelle, entregue-se confiante em Deus e em quem a ama, para ser feliz assim como o sou. Venha juntar-se a nós! Salvemos vidas desajustadas, que vêm lá de fora!

A jovem senhora, fitando a protegida de André,

segurou-lhe a destra e, com a alma aflita, revelou sua dor maior:

– Creia-me! Agora conscientizada, a lembrança dos maus-tratos que impingi a meus pais é que mais me derrotam. Por essa inaceitável maldade cometida contra meus bondosos genitores, não consigo me perdoar! Emanuelle, eu arrastei meu pai para um sofrimento doloroso. Papai, por ser rico e poderoso, tentou salvar-me das mãos de um traficante tão poderoso quanto ele. O traficante tinha grande influência no mundo das drogas, enquanto meu pai possuía fortuna. Meu amado paizinho foi alvejado por balas disparadas pelas mãos desse ilícito comerciante de drogas, ficando entre a vida e a morte, por tempo indeterminado. Perdeu toda a movimentação do corpo e vive ainda sobre um leito, cuidado por mamãe e por enfermeiros, para meu castigo. Perdeu a noção do tempo, não enxerga e emudeceu. E quanto necessitava da saúde para a administração de suas empresas! Ele era poliglota e usava tais recursos para tratar de seus interesses empresariais que, agora, estão delegados aos membros da família, em quem talvez nem sempre se pode confiar.

Dagmar soltou forte soluço. Seu rosto perdeu a viveza da cor. As mãos tremiam e estavam frias pela exsudação.

Emanuelle se comoveu e lembrou-se do que também acontecera ao seu pai. Sentiu imensa saudade dele e de sua mãe; levou o corpo para frente, até alcançar o da mulher que lhe oferecia amizade e que lhe confessara já haver passado pelo tormentoso caminho em que ela, Emanuelle, está claudicando. A filha de João Carlos e Susana abraçou a amiga com ternura e amor e intentou consolá-la:

– Não! Não fique assim! Realmente causamos dores e sofrimentos aos nossos familiares, mas não tínhamos percepção dos nossos erros. É, Dagmar... Ouvindo-a, vejo-me presa em uma redoma sem porta ou janela para abrir e respirar. Não encontro meio para me perdoar. Eu levei meu pai a uma cadeira de rodas, por motivos idênticos ao seu.

Emanuelle silenciou.

Valendo-se de tal silêncio, a esposa do cardiologista argumentou:

– Ah, Emanuelle, então reconheça seu erro enquanto é tempo. Livre-se das drogas e viva para seus pais, pois sua mãe deve estar sofrendo tanto quanto seu pai, ao vê-lo inibido de atividades e não podendo caminhar por si só. Minha querida, volte para o quarto e se disponha ao tratamento que esta casa lhe oferece. Convide seus pais a virem visitá-la e assistirem às reuniões espirituais ministradas pelo doutor André. São magníficas, iluminadas e recebem as gloriosas bênçãos do Pai. Sentimos muita paz! É como se fossem raios deslizando do céu para a Terra, numa descida triunfal sobre todos os presentes. Faça isso, querida, se não por você, mas por eles.

Devo dizer que, quando nós cedemos às drogas, somos manipulados por espíritos que desencarnaram sob idêntica dependência. Eles nos incitam ao uso com o objetivo de nos vampirizar. Então, somos arrastados por suas mãos.

Sob tal influência, exaurem-se nossas forças e somos ati-

rados ao vício. Ocorre, assim, a decadência física sensitiva, impondo-nos falta de movimento em zona cerebral, não raro motivando alteração mental, inibindo, consequentemente, nossas ações perceptivas e motoras.

Dagmar silenciou, pensativa. Achou prudente nada mais dizer. Seria melhor que Emanuelle descobrisse por si mesma, a exemplo de como lhe conduziram para obter sua própria conclusão de que deveria abandonar aquela vida de dificuldade extrema. Então, fitou Emanuelle, ergueu-se do gramado e saiu sem se despedir.

Ao alcançar a porta, ouviu:

– Obrigado, Dagmar! – disse André, após ouvir o diálogo entre sua amada e a esposa do cardiologista. – Sei que posso contar com você. Sua ajuda será excelente e me restaurará os ânimos para dar continuidade ao socorro a Emanuelle. Ela, hoje, deixou-me desiludido e até sem ânimo para continuar. Mas, se você puder estender suas mãos, estou certo de que ela atingirá o estágio que desejamos. O amor às vezes nos enfraquece o dever, compelindo-nos a transigirmos com atitudes incompatíveis com nossa obrigação.

Dagmar prontificou-se:

– Conte comigo, doutor André. Percebi que ela não nos oferecerá grandes dificuldades para ser conduzida ao caminho da luz, com que fui agraciada por vocês. Notei-lhe o olhar bastante tristonho, quando lhe falei de meu pai. Ela ficou muito pensativa. Com sua permissão, doutor André, devo ver se meu marido precisa da minha ajuda.

André saiu andando pelo jardim para receber as benesses das Alturas. Tão absorto e o pensamento fixo em Deus, que sequer notou que estava sendo contemplado de um lugar privilegiado com plantações de belas orquídeas. Na alma de sua amada, anunciava-se o desejo de retornar à Emanuelle de antes. Emocionada, ela chorava. Com a meiguice dos tempos idos, ela o chamou.

Custou a ele crer que ela o chamava. Mas, quando ele se voltou, de ímpeto, para o lado do orquidário, certificou-se de que, em meio às orquídeas, destacava-se sua flor predileta. Chorando, Emanuelle correu para os braços amados e implorou:

– Não tenho dúvidas de que você quer o restabelecimento de minha alma enferma! E só o seu amor poderá salvá-la. André, meu amor querido, tire-me dessa estrada torturante e leve-me para o caminho que vai a Deus e a você. Ajude-me a me encontrar e a Deus também. Dagmar, com bondade, tentou suscitar em minha mente a existência de uma luz, levando-me a crer que, ainda que seja de iluminação fosca, ela existe em mim. Todavia, levada por suas mãos, encontrarei o rutilante clarão emanado do Criador. Ela não me disse com estas palavras, eu é que me motivei para conquistar minha própria confiança e, sendo assim, eu peço que me salve! Por Deus! Salve-me! Quero equilibrar-me após esse tropeço, pelo qual, às vezes, me vejo impossibilitada de caminhar sem seu amparo.

André chorava emocionado! Doravante, lhe seria

mais fácil oferecer seu amor e sua ajuda espiritual. Ele sorriu e a abraçou dizendo, resolutamente:

– Você me fez renascer para a vida. Senti-me alquebrado quando renegou meu afeto. Agora estou feliz, minha querida! Custe o que custar, eu vou reabilitá-la!

Emanuelle cerrou os olhos, osculou-lhe a fronte e, carinhosamente, justificou-se:

– Eu não recusei seu amor! A falta das drogas é que me causa sofrimento e me desespera. André, não vai ser fácil livrar-me dela. Preciso de sua ajuda!

André cerrou os olhos e pensou: "Dar-lhe-ei toda proteção possível, mas estou deveras preocupado."

Emanuelle suspirou prolongadamente e continuou:

– Talvez o que lhe vou pedir não lhe agrade, mas gostaria que convidasse meus pais para vir participar de algumas de suas reuniões. Dagmar disse que os ensinamentos contribuem para nosso tratamento, uma vez que você explica, com naturalidade, os motivos desses reveses que acontecem em nossa vida e que nos conferem méritos perante o Criador.

– É verdade, Emanuelle! Mas não sou eu quem mostra as verdades. Somente o Pai pode tornar tudo evidente. As pessoas que nos transmitem as maravilhas do Senhor, aqui na Terra, são escolhidas pelo Alto. Mas a elas não é permitido mudar os desígnios de alguém, pois a realidade de Deus é imutável. Não devemos senão indicar a estrada que leva ao encontro do Criador. Vejo que sente desejo de trazer seus genitores para estas reuniões que comovem pela força do amor ofertado pelo Pai. É claro!... É claro, meu amor, eu o farei com imensa satisfação, de vez que esse é o meu dever. E pode crer que isso me deixará muito lisonjeado. Só não os chamei antes porque aguardava sua opinião.

– André, meu amor, eu só não posso garantir que aceitarei sem encontrar dificuldades. Não me será fácil, mas acredito que nada se faz sem esforço próprio. Penso que não me adianta querer, se não houver determinação dentro de mim. Meu cérebro está muito hesitante. Não raro a perturbação mental me domina! Não é fácil vivermos conceitos heterogêneos. Ser ou não o que desejamos. Hoje, digo que quero me tornar a Emanuelle de antes, mas quem me pode asseverar que amanhã direi o mesmo? Neste momento, eu digo que quero com os lábios, mas admito que minha mente ainda hesita.

A jovem fez pausa e respirou com força. Em seu íntimo travava-se uma luta titânica entre o dever de não ceder ao domínio dos entorpecentes contra a vontade de saciar-se com as drogas. Ela articularia algum jeito de sair daquele lugar, ainda que ali deixasse a pessoa amada e corria para os braços das drogas ou abandonaria as drogas e ficaria nos braços do amado? Qual dessas alternativas antagônicas apaziguaria sua mente?

Emanuelle segurou com força a destra amada e voltou a pedir:

– André, meu amor, por favor, me ajude! Meu espírito diz que é imprescindível que eu abandone esse vício horrível, mas meu corpo físico implora que eu volte para as drogas.

Nessa indecisão, Emanuelle mal conseguia sustentar-se. Trêmula, com exsudação a correr-lhe pelas faces, desfaleceu nos braços de André. Ele a conduziu nos braços até o quarto. Deitou-a sobre o leito e chamou o enfermeiro. Carinhosamente, aplicava-lhe medicação estimulante para que ela despertasse. Aos poucos ela respirava mais serena, mas seu sono era como se houvesse ingerido algo que a saciasse.

Do Alto, se via descer fachos, como sendo esclarecimentos espirituais de que ela conseguiria sair desse caminho torturante.

André tinha sensações estranhas, mas prazerosas. Era como se o sopro do Criador chegasse à sua mente para apaziguar-lhe o espírito.

O médico permaneceu toda a noite ao lado de Emanuelle, aguardando seu despertar. Ao amanhecer é que a menina, preguiçosamente, descerrou as pálpebras mostrando ligeira contração muscular, como se lhe estivesse desejando um bom dia. André sorriu, denotando satisfação pelo seu despertar. Roçou os lábios esbranquiçados da jovem e sussurrou ao seu ouvido:

– Eu te amo! Tenha um dia de muita paz!

Nesse instante, adentrou uma jovem trazendo uma bandeja com iguarias para o desjejum. Emanuelle olhou, descontente. Preferia substância tóxica. Sua cabeça girava e sobrevieram vômitos. André compreendeu e sentiu compaixão. Ajudou-a a se erguer do leito e a conduziu para o jardim, para caminhar por entre os canteiros de rosas perfumadas.

A jovem foi aos poucos se acalmando, até que seu rosto se enfeitou com matiz róseo. O médico pediu que aspirasse com força o ar puro da manhã, pois mesclado ao aroma das flores lhe faria bem. Com a cabeça inclinada no ombro dele, a menina absorvia o salutar perfume. Ele a levou para se sentarem em um banco sob bela árvore de flores roxas, cujo balanço impulsionado pelo vento brando e saudável parecia referenciá-la, desejando-lhe aprazível repouso.

Com a respiração ofegante, Emanuelle suspirou com certa dificuldade. Fitou o jovem médico e, desconsolada, asseverou:

– Meu querido, acho perda de tempo você insistir em me afastar das drogas. Não consigo mais apartar-me delas! Deixe-me sair! Meu mundo me aguarda. E é dele que você tenta me privar. Não adianta perder seu tempo. A Emanuelle que você conheceu não mais existe. André, não queira modificar a realidade! Tenha em sua mente que sou uma dependente química contumaz.

Emanuelle terminou as últimas palavras em pranto. Suas mãos tremiam e transpiravam, frias.

André emocionou-se e a abraçou, beijando-lhe os lábios, visando transmitir-lhe energias. Ele a ergueu do banco e a conduziu a um cômodo destinado a trabalhos espirituais. Sentou-a em uma cadeira, em torno de uma mesa forrada com toalha de renda branca, com grande vaso de rosas, também brancas. Pediu a ela que abrisse *O Evangelho segundo o Espiritismo* aleatoriamente. Da página focalizada constava: "Conhece-te a ti mesmo". A mensagem evangélica dizia que sem humildade jamais se edificariam virtudes.

André mostrou à sua paciente que, além de lhe estar faltando coragem para arrostar o que lhe seria bom, faltava-lhe humildade para com Deus, acrescentando, com absoluta franqueza:

– Reflita sobre isso, Emanuelle! É necessário que

constantemente examinemos nossa consciência, para averiguarmos o que de bom fizemos e o que deixamos de fazer a fim de agradarmos a Deus! Então, recorra à sua consciência e veja se você está construindo o edifício da bondade, que a permitirá chegar à casa do Pai, que está no céu! Você só o estará edificando, compreendendo, aceitando e praticando a vontade do Criador. Portanto, deixe essa estrada que só a distanciará da luz divina! Procure enxergar o caminho iluminado por Deus, onde não existem trevas e nem destruição arquitetônica: a arte de construir amor. Minha querida, por que não se volver para dentro de si mesma e ver que ainda está alojada, em seu coração, em sua alma, a beleza pura que sempre aflorou em você? Ela apenas adormeceu por algum tempo! Mas despertará, caso haja a vontade de Emanuelle, que diz estar morta... Mas não da Emanuelle que se acovardou, deixou-se dizimar e se transformar em cinzas, pela avalanche das drogas.

André suspirou sentindo remorso por haver procedido de forma tão rude com a amada menina. Infelizmente era assim que fazia com os jovens que ali chegavam. Era a maneira que encontrava de fazê-los entender as verdades, se defenderem das drogas e não se afastarem do conhecimento de como será a vida ao lado da verdade de Deus. Muitos que lá estão passaram por esse crivo da razão. É isto, para conscientizá-los e prepará-los a julgarem os próprios erros. Quando curados, ali permanecerão espontaneamente. É na permanência na casa que adquirem experiência e consolidam a segurança de que realmente estão libertos da dependência e aptos a se reintegrarem na sociedade para se construir um mundo melhor. Jovens, moças e rapazes, cada qual cuidava dos pertinentes afazeres, escolhidos por eles mesmos. Uns plantavam flores, outros hortaliças; havia os que optavam pelas lides relacionadas com a limpeza da casa e do quintal. As tarefas eram desempenhadas com jovialidade e prazer. André era convicto de que sua amada chegaria a esse estágio. Ele aguardaria paciente, ainda que ela se obstinasse na rejeição dos tratamentos.

O médico André decidiu que seria salutar levar Emanuelle a visitar as atividades hortigranjeiras executadas pelos jovens convalescentes por toda a área circunscrita ao nosocômio. Uns cuidavam das flores, outros dos legumes e verduras. Algumas meninas faziam o asseio da varanda, tornando-a aconchegante, com bancos distribuídos sob toda a extensão coberta pelo telhado. Toda a cobertura era pintada de branco, para transmitir paz. O médico amparava sua paciente com os braços. Aproximando-se dos jovens trabalhadores, ele disse:

– Olhe, querida, esses rapazes e moças. Nós não os obrigamos a esses trabalhos. Cada qual escolheu o que aprecia fazer. É a forma de agradecerem a Deus pelo que aqui encontraram de bom, para repararem suas dependências. Aqui, Emanuelle, eles conseguiram alforria da prisão perpétua a que as drogas os sentenciavam. Veja a alegria, a felicidade estampadas em suas fisionomias! Isso, meu amor, porque eles descobriram a verdade que trazem intimamente: a pureza, o amor pela natureza, da qual fazemos parte. Ó doce criatura, atente-se para esse caminho, porque é a verdade da vida e da moral cristã. Você sempre se destacou com o quilate das preciosas joias. Não se deixe depreciar, mesclando-se a substâncias sem valor.

André interrompeu a caminhada e aconchegou a menina ao peito, beijando-lhe todo o rosto. Ela fechou os olhos e duas grossas lágrimas assomaram em suas pálpebras. Queria libertar-se de tudo aquilo, mas faltavam-lhe forças. Ela amava André, mas a droga dominava sua mente como se fosse mais poderosa do que o amor pelo médico. A moça gostaria de se afastar naquele momento de André e ir correndo em busca de pedras de *crack*. Elas lhe faziam muito mais falta do que os braços de André, naquele momento. Estava tão desatinada, que bradou:

– Solte-me, André! Por favor, solte-me! Preciso ficar a sós! Não me faça decepcionada com você! Deixe-me em paz! Vá para o seu trabalho e cuide de quem está precisando! Eu estou bem e ficarei melhor se você me permitir tempo para raciocinar sobre minhas atitudes. Você não me está permitindo tréguas para que possa pensar sobre se estou certa ou errada. Afaste-se de mim, por favor! Eu quero paz!

O brado foi inspirado por entidades malfazejas que perseguiam o jovem casal por todo o trajeto no pomar repleto de árvores frutíferas e variegadas flores. Tais entidades inferiores os acompanhavam com intuito de influenciarem a jovem a dizer rudes palavras ao clínico e arrefecer-lhe os propósitos.

Ele retraiu, contrariado. Cabisbaixo, recolheu-se ao consultório, trancou a porta e pôs-se a refletir. Depois de instantes, sentindo-se magoado, veio a pensar: "Ela tem razão! Meu amor é tão intenso por esta criatura, que não percebi o estorvo que estou causando à sua recuperação. Talvez seja porque eu me tenha entusiasmado por encontrá-la, ao tempo em que me senti realmente abalado com seu estado de depravação mental e de debilidade física que poderia prejudicar-lhe a saúde. Como essa verdade me dói! Entregá-la-ei aos cuidados de um colega e darei tempo para que ela consiga refletir melhor. Hoje é dia dos trabalhos espirituais para os quais não a convidarei, precavendo que sua enfermidade possa ser agravada. Já nem sei o que poderá ser melhor para essa menina. A sujeição ao tratamento está sendo difícil para ela e muito mais para mim, porque percebo que não a conheço."

Suspirou, redimensionando suas atitudes para com ela. Chegou à conclusão de que não a trataria como estava fazendo. Doravante, ela seria uma estranha que necessitava de apoio moral. Não mais lhe disporia seu amor. Ele estava subestimando seu juramento de não cuidar de pessoas muito próximas e de entes queridos. Não se aproximaria de Emanuelle enquanto ela estivesse no estado de insegurança mental. Voltaria a se preocupar com os outros pacientes, em especial com os portadores de esquizofrenia.

A clínica tinha atendimento para pessoas com recursos financeiros que custeavam o tratamento e, separadamente, estava instalada a Casa da Amizade, com atendimento gratuito aos dependentes químicos desprovidos de recursos. André e os outros clínicos atuavam nas duas partes da clínica. Os horários eram bem revezados entre a Casa da Amizade e a clínica remunerada.

CAPÍTULO 7

Renascendo a esperança

D ecorriam os dias. André seguia, à distância, o empenho dos clínicos para ajudar Emanuelle. Porém, desconsolado, percebia que os resultados não eram animadores, porque a jovem não colaborava; aliás, era refratária ao auxílio médico. Ela se comprazia com o submundo das drogas. Às vezes ela se fazia de vítima, articulando melodramas, com intuito de arrefecer a dedicação da equipe médica, insuflando-a a deixá-la em paz no caminho tortuoso.

Em meio às evidências consignadas em pareceres médicos, acrescentavam-se os entraves para se disciplinar Emanuelle e encontrar solução para o seu quadro clínico. André lembrou-se então de que a moça havia sugerido que se convidassem seus pais para assistirem a um dos trabalhos espirituais. A isso se contrapuseram os amigos médicos, alegando que, sendo os genitores católicos, provavelmente se recusariam a tomar conhecimento da verdade espiritista, sobretudo porque o quadro clínico de Emanuelle não havia apresentado evolução satisfatória. Assim, a rejeição dos pais da moça poderia obstar ainda mais o tratamento.

Com a mente em turbilhões, à falta da orientação plausível que procurava, André se viu desarticulado. A noite lhe fora de insônia. No dia seguinte o clínico voltou a se reunir com a equipe. Ao ensejo, expôs a solução a que havia chegado de noite, durante sua assonia, que ele entendia prudente levar a conhecimento dos colegas:

– Caros colegas, durante toda a noite busquei solução para o caso de Emanuelle. Infelizmente, não encontrei. Esgotados meus recursos, eu a confiei às mãos de vocês e, pelo que se nota, ainda não se evidenciou um meio de ajudá-la. Nas primeiras horas da madrugada, desesperado com a incômoda situação, me ocorreu libertá-la para que retome sua vida no caminho retorcido pelas drogas. A segunda providência a ser adotada será que eu a esqueça. Vocês sabem que ela é a paixão de minha existência terrena, mas penso que houve um engano das Alturas ao colocá-la no meu caminho. Não seria essa a realidade para nossa vida na Terra ou, então, não soubemos conduzir nossos destinos.

Os demais médicos reunidos se entreolharam. Um deles pediu a palavra. Perpassou os olhos por todos e fez a seguinte exposição:

– Consideremos a razão pela qual esses infelizes jovens se abnegam de uma vida farta de conforto que lhes pode oferecer um futuro promissor e se chafurdam no lamaçal das drogas; entregam-se à marginalidade e, na condição de míseros condenados, são repelidos pela sociedade, além de submetidos a perseguições e sofrimentos. É, colegas! Justamente porque conhecemos esses cruéis reveses e porque nos propomos a tratar os infelizes enfermos acometidos de tais agruras, é que me sinto no indeclinável dever de dizer a você, meu caro André, que não pense em abandonar sua amada nesse lapso de desespero. Sim, amigo, o medicamento que devemos prescrever para ela é, exclusivamente, seu amor. Muito me admirei ouvir do nobre colega essa triste confissão que se me afigura lamentável prenúncio de derrota. Logo você, que ministra, publicamente, aos familiares dos usuários de drogas, a necessidade de afeto, de carinho e muito amor, para se obter sucesso no tratamento. Além disso, caro amigo, quantas vezes o ouvimos dizer que todas essas criaturas dependentes estão sob influência de espíritos malignos e que é imprescindível que não haja rejeição ou revolta dos pais contra os filhos, no tocante à dependência das drogas. André, desperte para a realidade! Você nos declarou que o cronograma de estudo patológico de Emanuelle é difícil de ser cumprido por você. Então, examinemos: você não estaria sendo incitado por falange de espíritos que se empenham em afastá-lo desse processo, sabendo que você é o ponto culminante da cura? E olhe que estão conseguindo tirá-lo do caminho de Emanuelle! Ainda não percebeu isso? Talvez seja por essa influência danosa que a jovem esteja relutando em aceitar seus acenos para se afastar dessa malignidade e retornar para o bom caminho. A falta de concentração de seu espírito e seu amor imprescindível para a cura de Emanuelle ausentam-se de suas decisões! Não seja, agora, insensato, você que sempre foi o mais inteirado de nossa turma! Por que fracassar agora? Você quer entregar-se aos caprichos desses irmãos inferiores? Não permita que eles estilhassem seu cérebro! É! Não dê liberdade, meu amigo, a essas entidades que pretendem amesquinhá-lo ao nível delas. Elas querem adquirir domínio sobre você, para que se afaste de Emanuelle e a abandone ao domínio dos entorpecentes para que se vampirizem a bel-prazer. Pense, André!

André sentiu-se envergonhado. O amigo dizia a verdade. Como pôde ser tão insensato a ponto de merecer tão franca e rigorosa apreciação do colega? Desculpou-se e saiu da sala, cabisbaixo. Foi para seu escritório e, debruçado sobre a mesa, pôs-se a lamentar e reclamar a Deus. Pediu perdão ao Pai:

"– Senhor, perdoe-me! Não duvido que Emanuelle e eu trouxemos liames espirituais de onde vivíamos antes de aqui renascermos. Peço, Senhor, remissão de meus pecados. Que Seu sentimento de misericórdia venha acalmar meus ânimos e que eu tenha força suficiente para continuar cuidando de minha amada Emanuelle. Ilumine-me a fim de que eu alcance essa glória e tenha noção do que se possa fazer para tirá-la deste suplício causado pela dependência das drogas."

Ergueu-se, achando-se desencorajado. Dirigiu-se para seu aposento, onde abrigara provisoriamente a jovem, e sentiu sua falta. Ela havia sido transferida para outro quarto onde estava sendo submetida a rigoroso tratamento físico e, posteriormente, seria conduzida ao tratamento espiritual. André dirigiu-se para o aposento da sua menina. Emanuelle estava sobre leito alvo, aos cuidados de uma enfermeira. O pensamento de afeto e ternura inundou a alma da jovem, após ser medicada com os fluidos espirituais. Seu semblante estava alegre e denotava a paz que existia na Emanuelle que André outrora conhecera. André se aproximou, aferiu o pulso e auscultou o coração da menina. Estava tudo normal. O médico pediu que a enfermeira os deixasse a sós. Ele osculou os lábios de Emanuelle, movido pela satisfação de ouvi-la dizer:

– Meu doce amor! Sei que a absolvição desce do céu para a Terra e só a Deus ela compete. Mas me atrevo, assim mesmo, a implorar seu indulto, a fim de isentar minha alma da culpa e da derrota por minha imprudência. Eu o amo demais e não estou suportando o jugo desse fardo que hei de carregar, sobretudo porque ele, agora, está pesando mais sobre seus ombros.

Enquanto falava, ela respirava, ofegante, como se quisesse despertar e confessar todo o seu amor.

André segurou com força a destra da amada confidente, respondendo em tom suave:

– Eu sei, querida, que você me ama, porque nosso amor refloresceu no paraíso celestial. Esse fruto de Deus existia antes de retornarmos à Terra, portanto devemos preservá-lo.

A jovem descerrou apaixonado sorriso, deixando André feliz. Com delicados gestos ele a ajudou a erguer-se da cama e a sentar-se ao lado dele. Ela o abraçou com ternura, como se revés algum houvesse acontecido. André revolveu o tempo até quando eles se encontravam, alheios ao que lhes pudesse acontecer. Aconchegou a moça ao peito, exclamando com plena convicção:

– Ah, céus! Como é imenso meu amor por você!

– Não há como ser maior que o meu! – replicou Emanuelle.

Beijaram-se, a princípio com delicadeza, mas aos poucos foram extasiando-se. A jovem entregava-se à carícia, mas André compreendeu e pediu que ela o perdoasse por mais essa falta de probidade, falando consigo mesmo: "Ó, Pai! Ante a fragilidade de Emanuelle, não contive meu desvairado desejo. Mas em tempo reprimi minha impetuosidade, pelo que sinto remorso e vos peço perdão!"

Emanuelle sentiu vontade de ir caminhar com André pelos canteiros floridos. Porém, retraiu-se, receosa de nova queda e preferiu nada dizer a André.

Sua mente ainda permanecia submetida ao comando das entidades perversas, porquanto não sabia como se defender das persistentes vozes que ouvia o tempo todo.

―――――――

Caros ledores, enquanto os médicos, reunidos, discutiam sobre a saúde de Emanuelle, o venerável guia espiritual da jovem cuidava de revolver-lhe a mente, detectando os tempos áureos em que ela se devotava à família, aos estudos e ao amor.

O guia intentava induzi-la a repulsar os momentos áridos em que ela se envolvia com o uso dos entorpecentes. Em verdade ela já repugnava tais lembranças com que revivia a caminhada torturante que a conduziu à perda da razão e do equilíbrio mental. Isso não quer dizer que o protetor a isentava literalmente da degradante dependência. Mas, com o tempo, com a ajuda das Alturas e com a vontade da menina ela se libertaria definitivamente.

Contudo, Emanuelle ainda não havia saciado sua avidez pelas drogas.

Não conseguindo repelir as forças perniciosas que a compeliam para o consumo dos alucinógenos, não raro a menina intentava evadir-se do tratamento, a fim de ir, correndo, puxar os fluidos deletérios das drogas. Quando não conseguia satisfazer-se, ela chorava, descontente, e se revoltava contra a vida. Por vezes, André a surpreendia em lástimas. Então, a ele urgia convencê-la de que se esperançasse na bondade que viria do céu. O médico a confortava, carinhosamente, explicando-lhe que Deus destacava seus confiáveis espíritos para defendê-la do subitâneo desejo, e que todos seus amigos dependentes da inóspita dependência deveriam ser convidados a se integrarem ao tratamento, ainda que o sentissem espinhoso.

Emanuelle soltou-se, airosamente, dos braços de André e, claudicante, aproximou-se da janela. Encostou a cabeça na vidraça, olhou para o alto e suspirou com saudade dos pais. Sobreviera-lhe imenso desejo de vê-los, ainda que se mantivesse deveras inclinada pela dependência. André recomendou-lhe que postergasse tal ensejo porque seria recomendável que ela assistisse, de antemão, às reuniões da doutrina espírita e se pronunciasse a respeito das manifestações dos espíritos, pois elas encerravam analogia bastante diferenciada da tendência religiosa professada por seus genitores.

Denotando certo constrangimento, a jovem manifestou sua concordância.

Alguns meses decorridos, Emanuelle mostrava-se em convalescença das crises que, por vezes, levavam-na aos entorpecimentos. Invariavelmente, às manhãs, ela percorria todos os canteiros floridos. Tais movimentos físicos e exercícios mentais, prediletos, restauravam-lhe as forças para resistir à tentação dos entorpecentes, que a aniquilavam e a desintegravam da família e da sociedade. As preces com intrínseca vontade do médico, o amor irresistível que ele devotava a Emanuelle, estimulavam-na a prosseguir, com pertinácia, na busca de sossego para seu espírito, ainda que efêmero.

Certa tarde de domingo de inverno, estação que lhe incitava deveras melancolia, sobretudo após entregar-se às drogas, voltando-se e contemplando as nuvens escuras deslizarem pelo espaço sem luz, sobrevieram em Emanuelle as angustiantes cenas de sua caminhada no tortuoso caminho das drogas. Ela suspirou profundo, e refletiu: "Não me lembro se, naquela época, eu via o mundo com difícil solução como o vejo hoje! Não sei a quem recorrer para me explicar o que se passa comigo!"

Voltou a suspirar, vagarosamente. Em seguida, saturou os pulmões de ar e, como se procurasse algo para aliviar seu coração daquele estado de desânimo, voltou a pensar: "Ó, meu Pai! Estou renunciando ao meu próprio bem, que me estão oferecendo! Estou optando por retornar à vida de viciada nos narcóticos! Por quê!? Talvez seja porque os tóxicos obliteravam meus pensamentos e não me deixavam com o coração entregue ao esmorecimento, alheio à realidade. Quando estou sob domínio das drogas, nada vejo, nada sinto, a ninguém pertenço, como me sinto pertencer agora. A sensação é de que o mundo houvesse dizimado para mim! Sinto-me sem luz; sufocada diante de algo nebuloso, que me torna o mundo sombrio!"

Com lágrimas nos olhos, coração oprimido, continuou dizendo para si mesma: "Ó, Emanuelle, será que você não distingue o que é melhor, caminhar pelo rumo que a leva à tortura ou permanecer neste que André aponta para você?"

Voltou a suspirar profundamente. A par do porquê de sua deprimência, chorou. Sentia falta das drogas, mas não queria decepcionar André, seu grande amor. Contudo, suportar a privação das drogas lhe estava sendo crucial. Sim, porque, para ela, escasseava o essencial: as substâncias com que se consumia da vivência terrena.

Emanuelle olhou para o portão de ferro fundido e examinou a alta muralha, com proteção para evitar fugas; foi acometida de desespero. Como ir ao encontro dos amigos dependentes? Amigos?! Assim ela os considerava. Forçou a maçaneta e sacudiu o portão, com ímpeto. Baldadas suas intenções, pôs-se a gritar. Um jovem, que cuidava do canteiro de legumes, correu para socorrê-la.

Emanuelle, quando sentiu as mãos do rapaz a segurá-la com força, mas com carinho, desvencilhou-se e falou, com atitudes agressivas e com os olhos esbugalhados:

– Você não se envergonha de ser capacho dos médicos? Você carece de inteligência; além de pretensioso, ainda é idiota. Tem arrogância como se se houvesse libertado das drogas! Em verdade, você não passa de um cérebro oco, com mente atrofiada e perigosa. Não preciso de sua ajuda! Pelo contrário, necessito é de que as pessoas se afastem de mim e me deixem viver em paz!

O moço replicou:

– Em paz!? O que é paz para você? Entregar-se novamente à miséria das drogas? Ora! Não se ache uma garota esperta! Fosse você inteligente, teria agudeza de espírito, não acha garota? Em se voltando para o caminho tortuoso, você adquirirá qualidades humanas? A verdade, menina, está em ser mais confiante em Deus e nos médicos desta Casa da Amizade. Doutor André cuida muito bem de todos e em especial de você, porque ele a ama. Mas se você não sabe dar valor ao que propiciam, é porque não o merece.

Emanuelle, revoltada, ripostou:

– E isto importa a você?

– Claro que não! – argumentou o moço. – Se você fosse uma pessoa esperta, inteligente, não precisaria ser alertada por alguém. Veria seu próprio erro.

Emanuelle novamente respondeu, mas desta vez, gritando:

– Basta! Não preciso de seus conselhos. Sou capaz de resolver minha vida sozinha.

– Seria muito bom! – acrescentou o rapaz – pois assim, não sentiria vontade de retornar às drogas, assim como todos nós aqui o fizemos. Aceitamos, espontaneamente, afastar-nos desse horrível caminho da perdição. Hoje nos felicitamos por ajudar o doutor André. Ele é que merece nossa gratidão.

A jovem voltou, cabisbaixa, para o quarto de onde não deveria ter saído. Jogou-se no leito e pôs-se a chorar. Aquele rapaz estaria certo? André não merecia que ela o decepcionasse?

O médico, encostado na ombreira da porta de seu consultório, ouviu tudo e ficou feliz, em especial porque percebeu que o moço estava realmente recuperado e que suas palavras, por certo, ajudariam na conscientização da menina.

Alguns dias se passaram sem que Emanuelle conseguisse livrar-se do pensamento de retornar para os tóxicos. Certa manhã, antes que alvorecesse o dia, as grandes folhas do portão se abriram para dar passagem à provisão com que se abastecia a casa. Tal abastecimento se fazia enquanto todos ainda se encontravam no repouso da noite, a fim de se prevenirem eventuais fugas. Mas Emanuelle não dormia.

Da janela escancarada ela viu o movimento e, sorrateiramente, evadiu-se. Correu pelas ruas até encontrar seus antigos parceiros. Exausta, caiu ajoelhada em meio a eles. Permaneceu por alguns instantes, genuflexa e cabisbaixa. Seu coração parecia prestes a estourar, tanto que pulsava. Ela ergueu os olhos lentamente e, com humildade, pediu socorro, pois não possuía recursos para

aquisição de drogas, enquanto que elas eram imprescindíveis para aliviar seu tormentoso desejo. Os companheiros a ignoraram. Pondo-se de pé, ela bradou:
– Por favor, ajudem-me! Eu os recompensarei com o dobro! Concedam-me uma porção de *crack*! Ainda que seja uma pequena pedra!

Uma jovem aproximou-se e ofereceu seu cachimbo. A menina Emanuelle, quase de uma só vez puxou todo o conteúdo. Em face de seu afastamento temporário, desmaiou. Suas faces empalideceram e seu corpo tremia, com fria exsudação. Os lábios e as unhas ficaram arroxeados, com aspecto moribundo. A jovem que havia passado a droga a Emanuelle se desesperou, pedindo aos companheiros que a socorressem. Um dos presentes, antes que interviesse, repreendeu-a com severidade, dizendo-lhe que jamais ela deveria ceder seu cachimbo à pessoa desconhecida, ainda que se trate de alguém habituado ao uso, pois não se conhece o estado do usuário.

O interferente estava sóbrio. De celular em punho, solicitou socorro médico. A turma se debandou a fim de se safar de eventuais comprometimentos. Emanuelle tinha aspecto cadavérico. O carro de socorro a acolheu, transportando-a para hospital público, para onde fora conduzida em oportunidades anteriores. Para os hospitais públicos é que eram conduzidas as pessoas socorridas nas ruas, inertes sob efeito de drogas. Elas eram deixadas na portaria como se fossem animais irracionais.

Enquanto Emanuelle passava por tais reveses, seus pais jamais deixavam de procurá-la. João Carlos, Susana e Batista saiam às manhãs à procura da menina. João

Carlos, a cada passar de tempo, definhava-se na cadeira de rodas. Pouco se alimentava; chorava muito, clamando a ausência da filha. Lamentava sua própria falta de consideração para com Deus. O Criador havia confiado Emanuelle aos seus cuidados de pai e que fizera ele por ela? Entregou-a aos braços da perdição? Afastou-a do aconchego familiar e a empurrou para o mundo das drogas? Havia desobedecido a vontade de Deus. Por isso suas aflições o derrotavam, aos poucos.

Susana? Pobre infeliz! Quanto sofrimento! Debilitava-se a todo instante.

A preocupação bania-lhe as forças físicas. O alimento para sua alma escasseava, pois ela sequer tinha ânimo para fazer preces a Deus. E já dava a perceber que concebia a derrota da vida. Seu abdome alojava a doença que a conduzia para as despedidas terrenas. Mas ela persistia, desatinada, contra todos os males, pois sonhava ver a filha recuperada e feliz. Dizia a si mesma: "Não tenho mais forças para orar, contudo, peço-vos que me deixeis sobreviver neste mundo até que possa rever minha filha. Deixai-me viver, até que minha adorada filha retorne ao caminho da felicidade. Preciso pelo menos dessa força, meu Pai Eterno, antes que possa voltar para Seus braços paternais! Quero reconciliar-me com minha filha! Necessito do perdão dela e muito mais da vossa absolvição, ó meu bondoso Senhor! Onde quer que Emanuelle esteja, levai-lhe meu amor, ó bom Deus. Inspirai o jovem médico André, que a encontre e nos avise. Não me deixeis partir deste mundo sem antes abraçar minha pequena flor. Quero, ó Pai, niná-la em meu regaço como antes fazia e cantar a cantiga de ninar com que eu a embalava quando criança!"

Susana mesclava tais súplicas ao pranto convulsivo que ocultava de João Carlos, prevenindo-se que não lhe agravasse o padecimento. Mas era observada por Batista. Este apiedava-se tanto dela como do patrão, de quem agora era mais amigo do que empregado. O serventuário dedicava tempo integral ao bem daquela gente sofrida.

João Carlos e Susana, sem que o motorista soubesse, edificaram pequena casa em parte privilegiada do grande terreno tido como paraíso por Emanuelle. A residência seria oferecida em doação para Batista e sua família, em reconhecimento à dedicação do bom e confiável motorista e com gratidão pelos seus serviços prestados.

Batista era perseverante e incansável batalhador. Com eles, percorria, debalde, todos os cantos da cidade em busca de Emanuelle. Com os ânimos arrefecidos em face do insucesso que reprisava em sucessivas tentativas de localizar a filha, João Carlos e Susana entregaram-se à prostração. Batista, entretanto, manteve-se perseverante na esperança de obter o paradeiro da menina desaparecida. Todas as manhãs, cumpridas as obrigações pertinentes aos cuidados para com a higiene do patrão, o motorista saía, sozinho, a vasculhar praças, ruas e avenidas da cidade, localizando pontos de encontros de usuários de drogas, indagando dos jovens sobre se, por acaso, conheciam a menina Emanuelle.

Após insistentes e minuciosas procuras, deparou com um rapaz que lhe disse haver socorrido, há tempos atrás, uma garota e que ela se internara no hospital público, em estado de alienação mental. Batista rumou imediatamente para o local informado e se apresentou como pai da garota que há muito procurava. Conduzido a um compartimento horrendo, Batista assustou-se ao deparar com quatro jovens estiradas no solo, praticamente inconscientes. Doeu-lhe o coração. Pensativo, retornou ao veículo. Sentado no banco, chorou, penalizado, porque em sua mente projetara a imagem de sua própria filha naquela desprezível situação. Sentindo-se frustrado, com o coração batendo forte, ponderou: "Como estará a menina passando por essa situação, se sempre fora uma criatura maravilhosa?"

Pôs o carro em funcionamento e saiu aleatoriamente. Andou por ruas jamais vistas por ele. Dirigiu para os arrabaldes e, com olhar distante, como se nada visse à sua frente; trafegava por lugares estranhos. Ocorreu-lhe não acreditar que, por ali, Emanuelle jamais havia passado, sozinha. Ele desconhecia que ela era conduzida por influências malignas. Aos cuidados de perversas companhias ela havia sido conduzida para o tortuoso caminho das drogas. Batista, sem o perceber, estava defronte o portão da Casa da Amizade. Olhou e sorriu, pensando: "Como vim parar aqui!? O que significa isto? Devo bater para indagar que lugar é esse? E se for de ajuda a jovens que têm problemas como a pobre menina? Se for, melhor! Com isso, eu a tirarei daquele sofrimento em que a vi. O nome é bem sugestivo. Terei chegado aqui por mãos caridosas?"

Recostou a cabeça na coluna da porta do carro, pensativo. Passados alguns segundos, como por um sopro do Criador, tocou-lhe insana vontade de descobrir que lugar seria aquele. Saiu do veículo e acionou a campainha. Um jovem educado o atendeu através de pequena abertura com portinhola, destinada a comunicações, independentes de se abrir o portão, prevenindo-se eventuais fugas. Após as respostas obtidas, o visitante tomou conhecimento de que ali funcionava um nosocômio administrado por médicos, que também atendiam em uma clínica na cidade. E, ao lado daquela casa, atendia-se pessoas com problemas mentais, em especial que não possuíam recursos financeiros.

As informações causaram deslumbre na alma de Batista. Tanto que seu espírito ressentiu um brilho tão forte, que o estremeceu e, nos olhos, vazaram lágrimas. Sentindo-se deveras interessado, o motorista inquiriu sobre quem administrava a casa. O rapaz pediu-lhe que aguardasse; logo abriu o portão, convidando-o a entrar. O visitante foi conduzido à presença de André. Este, educadamente, apontou para a poltrona ao lado da mesa onde trabalhava e convidou o motorista a sentar-se. Batista, meio desconcertado, intentou revelar o motivo de sua visita:

– Em realidade, doutor, sinto que fui trazido aqui para pedir socorro para uma jovem que não é minha filha, como eu acabei dizendo no hospital onde a menina se encontra. Ela é filha de meus patrões; eles estão sofrendo bastante em face da situação da filha, uma bela menina que se transformou numa usuária de drogas. Como os vejo sem forças para continuar a procura, tomei a liberdade de assumir o caso, e aqui estou implorando o auxílio do senhor. Confesso, doutor, que não me está sendo fácil, mas acho que, após intensa procura, encontrei a assistência certa para ela.

O abnegado André levantou-se. Foi até Batista, com sorriso amigável, e disse:

– Admiro sua dedicação para com seus patrões, meu amigo! Ignorando a finalidade desta casa, atreveu-se a bater e solicitar informações. Estimo que tenha encontrado resposta para sua lealdade e para seu amor aos patrões e, em especial para com a jovem. Ainda que você não entenda, quero dizer-lhe que pode crer, foi intuído por benfeitores para vir até aqui. Deus o conserve iluminado, amigo! Gostaria de conhecer essa garota e, se me for possível, a trarei para esta casa e a submeterei a tratamentos, conscientizando-a dos abomináveis efeitos, que geralmente levam as pessoas à destruição.

Batista ergueu-se, revitalizado, e agradeceu:

– Ficarei muito grato e acho que a menina precisa reconciliar-se com a vida. Ah, doutor André, se o senhor a conhecesse antes, veria o porquê de meu empenho em ajudá-la! Ela sempre foi pura, meiga, educada e bondosa. Eu disse no hospital da cidade que se tratava de minha filha, e para mim é como se ela fosse, pois aprendi a amá-la assim. Eu a vi nascer. Eu é que levei a mãe dela para a maternidade. Eu a vi crescer, tornar-se moça educada. Eu a vi entregar-se a essa perdição que a levou para esse lado tortuoso. Não, doutor! Esta jovem não merece passar por tudo isso. Ela entrou por este caminho tortuoso, impelida pela proibição de um amor perturbador, segundo seus pais. Sinto-me envergonhado em dizer, mas eu não via motivo para tal impedimento. Aliás, seus pais eram bons demais, todavia intimamente eram orgulhosos.

Batista suspirou profundo e cerrou os cílios. Gotas lacrimosas molhavam-lhe as faces, mas ele continuou a revelação:

– Saiba o senhor que, quando fui fazer a seleção para servi-los como motorista da casa, ouvi murmúrios de que não aceitariam uma pessoa com tez negra. Quase desisti, pois sou de família negra. Tenho a pele clara porque minha mãe era branca, casada com um negro. Quando me retirava, chamaram-me e o patrão me disse: "Volte, meu rapaz. Não me interessa a cor de seu pai, mas os seus trabalhos. Ademais, sua cor é como a que tenho." Confesso que me revoltei, mas necessitava do trabalho. Minha família passava necessidades. Bem, doutor André, falei o que não devia. Estou ao seu dispor e desculpe-me. Não devia reviver esse passado, porque hoje são deveras bons para comigo e minha família. Esqueça o que ouviu. Há uma semana fui agraciado com importante benefício: o senhor João Carlos e a dona Susana deram-nos uma casa, bem confortável, situada em lugar privilegiado, pois Emanuelle amava aquele recanto; para ela era como estar no céu junto a Deus. Para nós, também é um paraíso. E quero dizer que amamos muito esta menina!

Quando o homem pronunciou o nome da jovem, André sentiu um calafrio percorrer-lhe todo o corpo. Ele já havia perdido as esperanças de encontrá-la. Por muitas noites seu pensamento lhe roubara o sono e as lágrimas o perturbavam. Sua alma se agasalhava no sofrimento. Não se conformava com o insucesso na cura de sua amada. Chegara a pensar em abandonar a clínica. Seu amor por Emanuelle trazia histórias prístinas de onde vivem as almas bondosas.

André sentiu soprarem a brasa de sua felicidade! Sabia onde sua amada se encontrava. Iria, imediatamente para lá e, com certeza, trá-la-ia de volta para junto dele.

Com a destra sobre o ombro de Batista, André o convidou a conhecer aquele agradável ambiente. Enquanto mostrava as instalações da Casa da Amizade, o médico revelava ao motorista seu amor pela menina. Deixou evidente que seria ele o amor proibido por João Carlos e Susana. Ao ensejo, Batista confessou ao médico o arrependimento dos pais de Emanuelle, realçando o sofrimento que lhes sangrava a vida. Falou do incidente com os traficantes, cuja maldade sentenciou João Carlos a viver na cadeira de rodas; a mãe estava muito enferma e ambos se consumiam nas dores.

CAPÍTULO 8

Recomeço

Passava das dezessete horas quando a ambulância estacionou com André e Emanuelle à frente da Casa da Amizade. A fisionomia descorada conferia à jovem enamorada do médico aparência moribunda. A exsudação gelada denunciava seu enfraquecimento físico. Acomodada, novamente, no quarto do médico, ele dedicava-se como se ela fosse um bebê carente de amor e carinho. Imediatamente, levaram-lhe medicamentos que lhe restaurassem as energias. Emanuelle se encontrava com lesões cerebrais em virtude da intoxicação pelo uso de narcóticos. O produto a levou a suposto coma induzido e não seria fácil tirá-la de tal perturbação. Mas o amor do médico era capaz de derruir qualquer barreira. A garota, aos poucos, ia despertando do mundo nebuloso. Um caso muito difícil!

André, com paciência, cuidava da doce Emanuelle. Ao toque de suas mãos carinhosas, ela esforçava-se para abrir os olhos. Erguia a destra e meneava lentamente a cabeça, sentindo fortes dores. Sentado ao lado do leito, o médico segurava a mão da paciente amada, intentando, com carinho, ajudá-la a despertar. Com voz baixa e terna, ele dizia:

– Ó, meu amor, não permita que essas substâncias venenosas derroguem nosso amor, porque ele nos acompanhou do céu para a Terra. Estou aguardando que você retorne para a Emanuelle doce que um dia conheci, a fim de que nosso amor seja consolidado e possamos constituir família como quer nosso Pai Celeste.

A jovem dava sinais de percepção, movendo levemente os dedos que o médico segurava. André prescreveu-lhe uma medicação e ela deveria permanecer em sono uma semana, tempo necessário para que ela se restaurasse e acordasse com lucidez.

Completado o período prescrito para o tratamento, cessaram-se as medicações. A menina foi acordando, suavemente, mostrando olhar revigorado e indícios de estímulos.

Ao despertar, sorriu para André e, com voz debilitada, pediu:

– André, meu amor, eu quero ficar boa e distanciar-me desse caminho infectado que me levou para o oposto da verdade. Peço que me perdoe! Estive entre a vida e a morte, eu bem o sei. Enquanto dormia, assisti ao filme de minha vida, projetado na tela de minha mente. Santo Deus! Quanto errei! Quanto mal pratiquei a mim mesma! Meu amado, tire-me desse caminho torturante! Sinto que falhei, em especial com meus pais! Eles não mereciam essa dor. Sei que é tarde para reparar meus erros para com eles, mas ainda há tempo para doar-lhes meu amor. André, pelo amor que diz sentir por mim, ampare-me em seus braços. Deixe que seu amor me fortaleça para que em mim possa renascer a Emanuelle de outrora.

A jovem, com certeza, trazia as palavras amadas que o médico pronunciava ao seu lado gravadas em sua mente física e, na mente espiritual as revelações e as orientações ministradas pelas entidades superiores do Alto. Ao acordar, tais registros lhe configuravam reminiscências do coma.

Será bom que esclareçamos: quando se encontra em estado de êxtase, em sono natural ou induzido, ou quando haja perda de consciência, considerada estado de coma, como é o caso de nossa Emanuelle, há o relaxamento das forças físicas. Isso permite que o espírito se liberte da matéria, ou seja, emancipe-se, e vá envolver-se com seu habitat no mundo espiritual.

Em tal envolvimento, o espírito pode obter orientações e até tomar conhecimento dos procedimentos incoerentes em sua existência encarnada. Por acréscimo da bondade de Deus, o espírito, ao retornar para a matéria, traz na memória espiritual os fatos a ele revelados ou esclarecidos pelos espíritos superiores.

Muitos, quando retornam à vida normal, reconhecem suas falhas e pedem ajuda para corrigirem o tempo perdido com a vida de caminhos percorridos erroneamente. Foi o caso da jo-

vem Emanuelle. Ela trouxe gravado em sua mente espiritual imenso acervo de revelações e ensinamentos que, ao despertar do coma, vão sendo transmutados gradativamente para sua consciência física com a configuração de sonhos, ou reminiscências do coma.

André abraçou a menina, osculando-lhe toda a face e, carinhosamente, ofereceu-se:

– Ó, meu amor! É claro que quero lhe tirar essa dor! Quero integrá-la em minha vida! Quem precisa de ajuda sou eu! Quero contar com seus préstimos nesta casa. Quem vive nesta reedificação de vida necessita de amizade, de pureza, de meiguice, e você, Emanuelle, sempre foi portadora dessas dignificantes virtudes. Os jovens que aqui comparecem buscam esses seus talentos especiais e outras propriedades de natureza divina. Tenho convicção de que eles encontrarão em você, uma vez recuperada dessa enfermidade do mal das drogas, toda a força de que precisam e procurarão evitar que esse mal venha também derruir-lhes os castelos sonhados para a posteridade. Estou certo de que aqui encontrarão forças para lutar com o intuito de obter idêntico retorno de vida ao que você conseguiu. E você, meu amor, readquirindo o curso normal e firme da vida da bondosa Emanuelle do passado, uma vez revigorada, unir-se-á a nós. Eu e você uniremos nossas almas numa só vontade do Pai.

– André eu quero participar das reuniões espirituais – intercedeu, estimulada, Emanuelle. – Não me importa trazer comigo a formação e os hábitos que obtive nos conventos religiosos sobre a moral católica apostólica romana. Tenho em minha mente a certeza da unificação religiosa, porque Deus não edificou o mundo com separações. E, com certeza, eu não consigo conceber essa rejeição a se unirem as religiões. Não vivem as mesmas regras, em congregação cristã? Deus não deu exemplo separatista a Seus filhos. Ele quer a conjunção dos povos. Quer unir as pessoas num mesmo estágio de vida. Não sei explicar, mas confesso que algo sobre isso me foi ensinado.

Emanuelle fez uma pausa, pois estava ainda bem fraca. Após instantes, perguntou:

– Meu querido André, nessas conferências espirituais, vocês falam contra a igreja ou contra outras religiões, que não seja a que pratica?

André replicou, imediata e resolutamente:

– Não! Nossa intenção é apenas ajudar irmãos que necessitem de assistência espiritual. Nosso trabalho, Emanuelle, não é mérito nosso, mas é bênção que vem do Alto para nossos irmãos. Nós somos apenas intermediários. Temos certeza de que as mãos de Deus estão estendidas, não só aqui, mas em toda parte onde se faz o bem à humanidade. Acredito que, embora não haja caridade na prática do bem, quem o pratica agrada o Criador porque Ele não abandona Suas criaturas, pois é infinitamente amoroso. E nós procuramos estar, cotidianamente, ao alcance de suas benignas mãos. Nela encontramos forças para executarmos tarefas missionárias, sob a égide de espíritos benfeitores. Espíritos nada mais são do que nossas almas aprisionadas nesse corpo grosseiro que será sempre torturado, se não cuidarmos dele, assim como o são os corpos atrofiados dos que não procuram reparar seus erros. Quando partimos da Terra, continuaremos a ser bondosos ou maldosos, benditos ou malditos, assim como o somos em vida física. A morte não nos modifica. Com a plenitude do nosso progresso é que passaremos a ser espíritos mensageiros de Deus. Porém temos de acordar de nossas falhas remissivas e repará-las enquanto na Terra. Não digo que, para isso, só havemos de abraçar o espiritismo porque os espíritos estão livres da prática do mal, da crueldade da perversidade e são espíritos bondosos. Não, pelo contrário, devemos nos esforçar para alcançar a plenitude da vida espiritual.

Emanuelle ficou algum tempo pensativa. Logo depois, ergueu-se do leito e sentou-se na cama. Estendeu a mão, trouxe seu amado para mais perto de si e pediu-lhe um beijo. Foi atendida, de pronto. André a beijou com muito amor. A jovem sentiu o apego amoroso, deitou-se no colo dele e o médico a acariciou com doçura. Emanuelle levantou-se, alisou as faces amadas e, com ternura, comentou:

— Acho que entendi tudo que você disse. Deve ser magnífico ser profitente dessa doutrina; pelo que agora aprendi, ela explica com clareza e simplicidade tudo sobre as leis de Deus; sobre nossa origem, sobre esses reveses pelos quais estamos passando, sobre nosso destino e, em especial, sobre a caridade que devemos praticar para com nosso próximo, não é isso mesmo? Tais ensinamentos estão em

plena consonância com os preceitos que Cristo nos legou quando de sua vivência na Terra. Suas palavras estão escritas nos Evangelhos, dotados na Bíblia, mas infelizmente as pessoas não procuram interpretar o verdadeiro sentido das mensagens expressas por Jesus. Basta-nos prestar mais atenção e acolhermos tais ensinamentos para nosso espírito, enquanto estivermos na Terra.
– Talvez seja isso mesmo, minha querida! – interferiu André.

Passaram-se alguns meses. Emanuelle obteve eminente progresso, mormente em face de sua renúncia ao prazer pelos tóxicos e da vontade de se curar para servir. Pouco a pouco, ela já se revelava capacitada para ajudar os jovens que ali chegavam em idênticas condições à que ela havia chegado. Emanuelle os recepcionava, caminhava com eles no meio das flores e mostrava-lhes a beleza com que Deus havia agraciado a Terra. À vista de tais maravilhas lamentava sua apatia por elas quando se embrenhava no matagal das drogas. Ao ensejo, testemunhava seu sofrimento, sua relutância em acolher a bondade daquela gente da Casa da Amizade; e suas fugas e o grande esforço que despendiam para reencontrá-la.

Na oportunidade, ela chamava atenção para os que não conseguissem vencer o domínio da dependência química, que se despediam extemporaneamente da Terra, caracterizando-se verdadeiro suicídio provocado pela adoção das drogas.

A jovem Emanuelle, discursando nas reuniões, passava aos presentes o testemunho de sua vida anterior ao seu uso de drogas e sua vida de dependente química. Enfatizava que fora capaz de levar os pais ao sofrimento e à dor. Emocionava-se ao mencionar o estado de João Carlos, preso a uma cadeira de rodas, e da mãe com enfermidade irreversível.

Fitava, percuciente, os jovens que ali estavam em busca de ajuda para se salvarem do caminho tortuoso e evidenciava:

– Meu nome é Emanuelle. Sou descendente de família possuidora de imensos recursos financeiros, mas isso não me livrou de trilhar pelo tortuoso caminho das drogas. Queridos companheiros, não queiram seguir por trajetos que os levem para essas trilhas espinhosas, sobretudo quando, por exigências paternas, houverem de recuar perante seus sonhos. Quando nossos pais intentam obstar nossos avanços, não os condenemos, pois eles só pensam no que é bom para os filhos. Ao invés de nos empedernir, por que não fazê-los compreender nossa vontade? Usemos nossa paciência, nossa tolerância, nossa dedicação e nosso amor, a fim de mostrar-lhes que merecemos que confiem em nossa capacidade de lutar e atingir nossos ideais. Não digo a vocês que renunciem aos seus projetos, aos seus ideais, mas saibam conquistá-los através da força do amor e da moral. Amemos nossos genitores com primazia; não só por ser nossa obrigação, mas porque eles merecem.

Os presentes se comoviam com as palavras de

Emanuelle. Ela se confessava arrependida em face da maldade que havia praticado contra os pais. Não raro sua palestra se encerrava com grande comoção da oradora e da plateia. Antes que se retirasse, se desculpava por não haver contido sua forte emoção e finalizava:

– Quero dizer que meu mal foi tão forte, que ainda não pude ir ao encontro de meus pais, mas não por medo de não ser recebida com amor, mas por mim mesma, pelo fato de me sentir envergonhada perante meus amados em face de meus atos destruidores. Sejam mais fortes e se liberem desse mal drogante, enquanto é tempo para a salvação de cada um.

Certa feita, Emanuelle manifestou desejo de ter os queridos pais presentes ao ensejo de uma das reuniões que se realizavam na Casa da Amizade. André, então, redigiu educado e carinhoso convite, informando que Emanuelle se encontrava naquele local.

No dia e hora marcada, chegavam João Carlos e Susana à Casa da Amizade. Emanuelle esboçava na fisionomia vivacidade e intensa alegria. Ao soar a campainha, ela própria quis atestar que estava realmente livre dos desejos drogantes.

Emocionada, chorava, abraçando ora um, ora outro, pedindo que a perdoassem. Os pais ficaram imensamente felizes ao vê-la sóbria e saudável.

Batista aproximou-se e, com respeito, cumprimentou-a. André havia revelado à jovem a participação de

Batista em seu retorno para a clínica. Emanuelle, com efetivo carinho, sorriu e falou:

– Caro amigo Batista, dispense suas reverências para comigo. Não fosse sua bondade, sua dedicação, eu não estaria aqui usufruindo dessa maravilhosa existência de luz. Graças a você, grande amigo, porque Deus o escolheu para me tirar daquele lamaçal, daquela trilha tortuosa. Foi você, meu venerado Batista, que me trouxe de volta. Quero abraçá-lo. Devo-lhe meu devotado abraço!

Batista, meio confuso, não tinha voz para responder; cabisbaixo, chorou comovido. Susana ajoelhou-se no chão com as mãos postas para o céu e agradecia por aquele momento que, para ela, era graça provinda de Deus. João Carlos, com expressão de arrependimento, cerrou as pálpebras e não conteve as lágrimas.

André reverenciou os visitantes, respeitosamente, mas sem estender-lhes a destra. O aceno de cabeça disse tudo. Emanuelle, com satisfação, pediu que dessem as mãos e, com amor, ali mesmo na entrada, agradecessem ao Pai, dirigindo-lhe fervorosa prece. João Carlos, com voz meio embargada pela emoção, pediu que André o perdoasse e que enlaçassem as mãos sinalizando cumprimento leal e agradecimento sincero, acompanhado de seu pedido de desculpas.

Terminados as apresentações e os cumprimentos, os visitantes foram convidados por André a irem para a sala de reuniões doutrinárias, onde se realizariam os trabalhos tanto técnico-científicos, como, a seguir, se daria início aos trabalhos práticos de tratamentos fluidificantes.

André, como sempre receptivo, é que coordenava a

reunião. Suas palavras fluíam com afabilidade e clareza, emocionando os presentes. Ao perceber que João Carlos e Susana desmanchavam-se em lágrimas, André entendeu prudente esclarecer:

– Condignos irmãos, não estamos aqui para fasciná-los com as verdades da doutrina espírita. Não! Nossa intenção é trazer até vocês os ensinamentos espirituais sobre o plano superior, segundo já nos foi preconizado pelo maior espírito que passou pela Terra, Jesus Cristo. Os ensinamentos do Cristo estão reproduzidos com fidelidade nos livros espíritas codificados por Allan Kardec. Trata-se de inspirações do mundo maior que nos vieram trazer consolo pelos revezes da vida, ao mesmo tempo em que nos vieram trazer entendimentos sobre a vida no mundo espiritual. Além disso, como dizia Jesus, vieram trazer a paz aos irmãos necessitados. Somos recompensados pelos olhares penetrantes e felizes desses jovens que são agraciados com a cura da alma, conseguida através de seus esforços e pela vontade de todos.

A reunião se prolongou por mais tempo, sobretudo a fim de se atenderem a todos que ali vieram buscar tratamento espiritual. Além disso, Emanuelle havia formado um coral de jovens, com vozes muito bem selecionadas que cantavam, enquanto ela acompanhava no piano, encantando a plateia.

João Carlos e Susana, emocionados, cumprimentaram o médico por seu excelente trabalho de salvamento dos jovens que se afogavam no turbulento e profundo mar das drogas.

Terminados os trabalhos, André aproximou-se dos

pais de Emanuelle, convidando-os a participarem dos futuros encontros doutrinários.

O médico ficou desolado ao perceber, de perto, o abatimento de Susana. Magra e desprovida de viço facial. Os olhos se escondiam nas cavidades arroxeadas. As mãos, emagrecidas, estavam trêmulas. André sentiu profunda compaixão. Com extremo cuidado, convidou-os a passar alguns dias ali com Emanuelle, pois seria prematuro o retorno dela ao lar. A resposta de ambos foi de quem já desejasse o convite. João Carlos foi o primeiro a dizer que muito gostaria, pois ali havia encontrado a paz que há tanto almejava. Susana, com lágrimas a borbulhar, denotando afetividade, falou de sua emoção, quando ali chegou:

– Doutor André, agradeço, de verdade, esse estimulante convite; ele me deixa deveras alegre. Adorei esse lugar! Seu convite é como um chamamento do céu para que eu descanse nesse mundo, resguardada das atribulações em que vivemos. É como deixarmos o inferno para adentrarmos o paraíso. Não sei se merecemos repouso nesse encantador recanto. Aqui é um pedacinho do Universo; vou sentir-me em um pedacinho da Terra transformado em céu.

Susana fez pequena pausa e olhou para Batista, recomendando:

– Querido amigo, creio que podemos contar com você. Zele por nossa casa, pelos empregados e também nos sirva no dia em que precisarmos de sua prestimosa colaboração. Vivemos alimentados por sua bondade.

Batista replicou:

– Senhora Susana, senhor João Carlos, bem sabem que, para benefício de vocês, tudo que estiver ao meu alcance eu o farei. Os senhores me deram muito mais do que é de meu merecimento. Nada lhes ofereci além de minha obrigação de servidor remunerado.

João Carlos respondeu com tranquilidade:

– Você é digno de tudo que recebeu, Batista. Você possui peculiaridades que nenhum outro servidor poderia possuir para nos oferecer. Nós muito o estimamos.

Batista agradeceu:

– Quero agradecer, diante de todos, ao senhor João Carlos e à senhora Susana, pelo que me proporcionaram e pelo benefício que têm dado à minha filha, Isis. Para recompensar a estimada dedicação de vocês, quero informar-lhes que ela foi aprovada no vestibular, cuja preparação se deve à bondade dos senhores. Quem sabe se minha menina não será uma das colaboradoras do doutor André, no futuro?

André concordou, com imensa admiração pelos pais de sua amada. Quanto bem aquele homem e aquela mulher praticavam! Então, por que tanto sofrimento? Veio-lhe como um facho de luz, a resposta: o passado.

As almas que se comprazem com a prática do mal hão de expiar suas faltas nas sucessivas reencarnações terrenas. Tal expiação não ocorre senão quando as almas estão enclausuradas na matéria física.

Sim, meus leitores! Por isso é que o sofrimento acompanha

os renascimentos na Terra. Portanto, trazemos em nossos desígnios as vicissitudes com que devemos reparar as iniquidades que cometemos durante vidas pretéritas. Aqui renascemos com nossas promessas de recuperação moral e aprimoramento espiritual.

A graça do esquecimento do passado, ao ensejo dos renascimentos na Terra, permite ao espírito, por mais empedernido que seja, renascer criança para se tornar acessível às transigências educacionais, com que se comprometera nas Alturas.

Emanuelle chorava às escondidas, na calada da noite, em seu quarto, debruçada sobre as almofadas, suas melhores conselheiras. Ela não comentava, mas observava o definhar da mãe e se culpava por aquele sofrimento. As dores aumentavam progressivamente e só ficavam evidentes no olhar e no abatimento de Susana, pois a pobre mulher não lamentava. Aliás, ela havia sido contemplada com a graça de obter de volta a filha, além de agraciada pela bênção do Pai com o abandono daquele caminho tortuoso.

Susana rogava, por pensamento, que Deus a abençoasse e lhe desse mais tempo de vida, a fim de que aproveitasse mais sua amada filhinha e pudesse assistir ao casamento da menina com André. Ela queria estar presente no momento da cerimônia religiosa espiritual e, com suas mãos, abençoá-los e pedir-lhes perdão.

Com o passar dos dias, Susana sentia que seu fim se aproximava. Agradecia a todo instante por aquela força estranha que governava seu íntimo. Sempre trazia sorriso para todos. Embora debilitada, em face da evolução de maligno tumor em seu organismo, Susana, ainda que sentisse dores agudas, se esforçava por passar alguma coisa de seu trabalho honroso: ensinar a beleza gratificante de suas telas aos interessados no aprendizado. Por esse mérito, as Alturas a compensariam com a libertação das amarras inerentes a certos deslizes em sua existência terrena.

João Carlos passava ensinamentos de como ser bom administrador de empresas e de como agir perante o sucesso, não se deixando fascinar nem se entregar à extrema humildade, pois isso poderia configurar ineficiente competidor financeiro.

Assim iam passando os dias. Certa feita, Emanuelle não mais suportando a culpa, revelou a André sua aflição. Ele, com especial carinho, intentou amainar-lhe o sentimento de culpa:

– Emanuelle, querida, convenhamos em que efetivamente lhe compete alguma parcela de culpa, mas pequena. É certo que houve descuido de sua parte. Outrossim, ponderemos que as criaturas se envolvem com a lamentável dependência das drogas, porque são estimuladas desde o primeiro instante por entidades malfazejas a se aprofundarem cada vez mais. Os que se entregam literalmente são induzidos a procedimentos irracionais e danosos à convivência familiar. Isso aconteceu com você. Quanto à doença de sua mãe, com certeza a infecção já grassava em alguma parte do organismo. Trata-se de geração celular cancerígena, que aguardava sua fase de desenvolvimento sucessivo para se expor em órgão mais sensível. Portanto, meu amor, não se condene, pois o tumor que faz sua genitora sofrer estava em estado embrionário. Bastou o aflitivo processo da culpabilidade para que ele se manifestasse em órgão frágil, qual é o ventre da mulher que foi feito para procriar, e só permitiu a entrada do intruso em face do enfraquecimento da alma de sua mãe. A senhora Susana não se defendeu, pelo contrário, se entregou.

Emanuelle redarguiu:

– Mas, hoje, percebe-se que ela está lutando contra a evolução do perverso mal e pressinto que não podemos esperar vitória, posto que o adversário é mais forte. Minha mãe está indo embora e você acha que não sou culpada por seu sofrimento!? André, não fosse por minha irresponsabilidade, ela não estaria sofrendo. Em se confirmando o que você me acaba de dizer, atente para sua consciência, e verá que eu é que a levei para guerrear contra esse malvado intruso.

Emanuelle suspirou profundo, cerrou os cílios e retornou à conversa:

– Lembro-me, André: ela era dotada de sentimentos ternos, delicada, branda e sabia distribuir seu amor. Por que, então, sofrer dessa maneira?

– Deus quer os brandos e pacíficos. Porque eles não serão mais espezinhados pela violência – ripostou André.

A menina insistiu:

– André, eu me culpo, pelo menos em parte, porque no momento em que ela me acariciava, confessando-me seu arrependimento, eu a condenei sem piedade. Não respeitei sua dor. Por isso, é evidente que você está enganado ao dizer que não me devo responsabilizar pelo que minha mãe está passando, pois ela está sendo esmagada pela violência do câncer.

– É verdade, meu amor – replicou André –, mas com isso ela está elegendo-se a preferida do Pai. Como você nota, ela não reclama e aceita com resignação, porque compreendeu a bondade de Deus. O sofrimento, Emanuelle, é uma bênção de Deus. Quem sofre deve bendizer a dor, porque ela marca, neste mundo, o cumprimento das penas com que se obterá mérito no céu. A senhora sua mãe está alcançando essa glória.

Emanuelle ainda não tinha precisas informações sobre o que ouvia, mas confiava nas palavras do homem amado. Ela procurava ficar o tempo máximo ao lado dos pais, a fim de apaziguar sua consciência implacável. Cuidava de Susana, administrando todo medicamento que o oncologista havia receitado. Debalde insistiam com as aplicações de quimioterapia e radioterapia, pois o tumor já se alastrava no interior do corpo físico.

Certa noite, enquanto João Carlos dormia serenamente, Susana, não suportando tanta dor, chorou. Após tanto sofrimento é que ela se sentiu fraquejar. Contorcia no leito como um réptil. Com desespero, ela conversava com Deus: "Pai! Ó Pai! Minha dor maior é pensar que pouco aproveitei minha adorada filha. Houvesse dedicado menos às minhas telas, eu teria estado mais perto de Emanuelle e talvez a tivesse aureolado com as molduras do amor. O que fiz de nossa vida, meu Deus?

Agora, pouco tempo me resta ao seu lado. Pedi o necessário de vida terrena e não devo reclamar. Pedi vida suficiente para vê-la casada com André. Graciosamente o Senhor me concedeu esse prazo. Sei que se aproxima o dia de meu retorno ao lado das almas dos justos, se é que mereço chegar até lá. Mas conto com o Senhor, meu Pai, para poder trazer luz das estrelas para iluminar o caminho de Emanuelle e de André. Que ela não mais encontre o caminho tortuoso que a levou para as drogas."

Susana não conseguia controlar suas lágrimas. Com aflição na alma, ela pedia perdão ao Pai por não saber calar sua voz na dor física e moral. Teve receio de acordar João Carlos. Não queria que ele a visse naquele estado. Somente a ela competiria reparar seus erros decorrentes de sua falta de entendimento para com as aspirações da filha. Ela era mãe e, por direito da menina, teria que ficar do seu lado apaziguando o coração do pai, ao invés de instigá-lo contra o amor de Emanuelle por André.

As horas iam bem altas quando a sofrida Susana adormeceu. Teve breve encontro espiritual. Foi-lhe mostrado um belo recanto iluminado. Nele estavam João Carlos e ela. Caminhavam de mãos unidas por trilhas floridas e carpetadas com relvas forrageiras. Uma voz suave lhe dizia ao ouvido: "Não se desespere! O período de vida no mundo terreno é destinado ao reconhecimento das iniquidades cometidas em existências pretéritas. Vocês se uniram para reparação de tais incongruências. Estão juntos a fim de encontrar a saída que vocês mesmos fecharam: a porta para a moral que dominaria seus espíritos e com que educariam a criatura que foi entregue às suas mãos. Com esses reveses de dores e sofrimentos, ambos edificarão o lar do futuro."

A iluminada entidade espalmou as mãos sobre Susana e João Carlos, aliviando seus sinceros arrependimentos. Os raios fluídicos, sobre a mente da adormecida, permitiram-lhe o olvido da comunicação recebida e um despertar alegre.

Em uma manhã de beleza primaveril, o Sol espargia raios luminosos sobre as variegadas flores e elas incensavam todo o ambiente da Casa da Amizade. Preparavam-se para as bênçãos nupciais de André e Emanuelle.

João Carlos e Susana, emocionados, choravam, mas as lágrimas eram de emoções felizes. A bondosa mulher, acomodada em leito improvisado no local previamente escolhido, assistia emocionada ao cerimonial. Emanuelle fez questão de escolher para sua dedicada mãezinha a sombra da bela árvore de flores brancas de que gostava. Susana dizia que as flores brancas significavam pureza e eram as mais belas.

Sob a frondosa árvore, Emanuelle organizou um altar, coberto com manta de renda alva, flores brancas, colhidas no jardim da casa, para receber os reflexos solares. Sobre a mesa estava *O Evangelho segundo o Espiritismo* mostrando a página em que estava consignada a mensagem "bem-aventurados os pacíficos de coração, pois eles serão chamados filhos de Deus".

A noiva trajava um belíssimo vestido esvoaçante, na

cor da neve. O modelo, escolhido por Susana, era simples, mas realçava a beleza natural da menina. Do leito de seu quarto, a genitora, entusiasmada, acompanhou todos os movimentos de costura, provas e arranjos. A cada prova, ela aplaudia com sorriso, denotando alegria e paz. Sempre achava a filha maravilhosa.

Ainda que soubesse que se aproximava a entrega total do espírito de Susana ao mundo eternizado, Emanuelle era muito feliz ao lado do marido. Susana e João Carlos também estavam realizados e satisfeitos em face da notória harmonia do casal.

Era domingo. O dia estava claro. Não havia nuvem obstruindo a luz do astro solar. Os pássaros adejavam farfalhando com alegre trinar em volta da Casa da Amizade. Emanuelle e André aproximaram-se de Susana e João Carlos; ela enferma em um leito e ele na cadeira de rodas, ambos na varanda da casa.

Como se houvessem ensaiado, disseram em tom uníssono:

– Paizinho! Mãezinha!

Emanuelle prosseguiu:

– Queremos dar-lhes a notícia com que geralmente os filhos felicitam os pais! Vocês terão nos braços uma doce criatura. Vou receber de Deus uma bênção divina. Trago no ventre o princípio de uma vida, seja ela ou ele, é origem de um amor imortalizado. Vocês serão avós!

Susana, com o coração acelerado, chorou de emoção. Mas com a voz denotando tristeza, disse:

– É realmente a melhor notícia que nos poderiam dar. Mas, quanto tempo eu terei de vida? Dará para esperar a chegada de mais um para nossa família? Estranha a vida, não é mesmo? Deus nos leva a casar e multiplicar, mas Ele próprio desfaz a multiplicação! Ele nos está trazendo um neto, mas me impede da alegria de recebê-lo em meus braços...

– Senhora Susana – aparteou André –, não me agrada dizer, mas deve ser dessa maneira na Terra. Deus organizou seus habitantes de modo que a população não extrapole seus limites. Mas quem falou que seu tempo está próximo? Poderá viver mais do que imagina. Tudo dependerá de Deus, mas, também, de sua vontade, caso queira receber seu neto. Não se entregue à espera. Seu pessimismo poderá ser fator incisivo para a interrupção de sua vida. Com propósito pertinaz de que viverá para cuidar e educar seu ente querido, que virá através do ventre de nossa Emanuelle, nada poderá desfazer o próprio desejo de viver. Devemos ser mais confiantes em nosso Criador, pois Ele é que programou a sentença de morte do corpo carnal. Ademais, não haverá cessação da vida espiritual. A imortalidade da alma vem das mãos criadoras e ela pertence ao mundo redentor. Quando estamos aptos a ser entregues novamente a uma das casas do Pai, devemos ir quando somos chamados, mas isto só acontece segundo a vontade de Deus. Contudo, minha sogra-mãe, não espere o impossível. Apenas aguarde o momento, entregando-se às mãos d'Aquele que lhe deu a vida.

– Desculpe-me, doutor André – replicou Susana –, de agora em diante me consolarei com a graça de que nascemos e vivemos segundo a vontade do Pai. Munir-me-ei de forças através da fé e da esperança e aguardarei a chegada de meu neto.

O ventre de Emanuelle ficava cada vez mais volumoso com o decorrer dos dias. Susana não perdia um só minuto do seu tempo, acariciando o nascituro e falando de seu amor. Certa noite, como habitualmente, Emanuelle se dirigiu ao aposento de seus pais para lhes desejar boa noite. A mãe pediu a ela que lhe concedesse um minuto, pois queria falar um pouco com o neto. Suspirou, sorrindo, alisando o ventre da filha, e disse:
– Oi, amor! A vovó, meu bem querido, luta com as armas do amor e vai rompendo qualquer muralha que se interponha à sua caminhada. Eu o amo, meu bem! Meu sentimento imbatível por você ultrapassa limites que me foram concedidos, porque nosso amor é mais resistente que toda barreira. Ele permite que eu não passe para o estágio espiritual, pelo menos até que você passe para este mundo a que pertencerá enquanto possível, pois a decisão pertence à vontade de Deus. Mamãe disse que você se chamará Samuel. Bonito nome, não acha? Samuel! Você, meu amor, será luz na Terra.
Enquanto ela conversava com o pequeno feto, Emanuelle chorava baixinho.
Susana suspirou, profundamente, com os olhos cer-

rados. Por entre os cílios vertiam fios de lágrimas ao despedir-se:

– Boa noite, filha, durma em paz. Que o amanhã nos seja brilhante.

Percorreu com as pontas dos dedos todo o ventre em que se amparava Samuel e, suspirando, acrescentou:

– Você também, meu amor, tenha uma noite protegida pelos anjos. Vá, Emanuelle, e transmita meu desejo de bom sono ao doutor André.

Aos oito meses de gestação, aproximava-se a chegada de Samuel à acolhedora casa, onde era aguardado com muita ansiedade.

Os jovens recuperados preparavam festiva surpresa para os embevecidos genitores. O coral, instruído por Emanuelle, preparou a canção de ninar. Até parecia que a Casa da Amizade se preparava para acolher o "Menino Jesus", tanta era a emoção dos expectadores.

Cada qual queria fazer alguma coisa que enfeitasse e brilhasse como a estrela que anunciou Jesus aos magos. Um grupo ornamentou todos os cômodos com flores, primando pelos espécimes que Emanuelle mais apreciava: rosas perfumadas. Seria ali mesmo o local previamente escolhido pela gestante para nascer o filho de André.

Susana seria agraciada com a chegada do neto que estava a caminho.

Catorze de setembro. Nascia o lindo garoto Samuel. Com quarenta e dois centímetros, três quilos e duzentos gramas, a doce criatura veio para adornar a vida de todos naquela casa.

Susana começava a experimentar a dor da despedida terrena. Além dos estímulos dolorosos, percebia que se escasseavam as energias de seu corpo frágil. Faltando-lhe forças nos braços, ela pediu que colocassem Samuel ao seu lado, na cama, e o acariciava dizendo a Deus que havia sido a espera mais sublime para ela.

A vovó se esforçava para conseguir alcançar o primeiro aninho do neto. Muitas vezes, a sós, chorava e conversava com o Criador: "Eu sei, meu Pai, que já recebi a graça de ver meu neto nascer, mas, por favor, está perto dele completar seu primeiro aninho. Eu gostaria de estar presente nessa comemoração tão importante para nós, caso me seja concedido, Pai! Entrego-me aos Seus desejos de me acolher numa de suas casas no infinito."

Os meses se passaram com ligeireza como se quisesse conceder o prolongamento da espera que Susana pedira. Era sábado. O dia estava resplandecente. Um corre-corre dava animação aos festejos de comemoração do primeiro aniversário de Samuel. Mas a felicidade maior era que Susana, ainda que abatida, estava presente. Ela conseguiu forças para existir até aquele momento, através da fé e da vontade. Sua cama foi levada até o salão de refeições, onde se promoviam as comemorações. Sentia-se jubilosa. Aplaudia e cantava os parabéns juntamente com os demais convivas.

Terminada a festa, a avó pediu que a levassem para o quarto a fim de descansar. No silêncio da noite, com pensamento voltado para Deus, ela dirigiu prece de agradecimento: "Compreendo, Senhor, que hoje participei da comemoração do primeiro aninho de Samuel, porque fui agraciada com Sua bondade infinita. Percebo que minhas forças estão exaurindo-se. Isso são indícios de que meu fim é iminente. Mas ainda tenho vontade de esperar pelo amanhecer, a fim de que eu possa ver Samuel, pela última vez e, também, para que minhas despedidas sejam menos cruciais para os que me vão velar, levando-se em conta o exaustivo trabalho por eles despendido com os festejos do aniversário. Sou grata, hoje, mas muito mais serei amanhã. Peço derrame graças sobre nós. Obrigada, meu Pai."

Susana não conseguia entregar-se ao sono. Incômoda aflição a deixava com a respiração ofegante. Esforçava-se então para que sua respiração não fosse sonante, prevenindo não desassossegar João Carlos, que dormia no mesmo aposento. A força que ela fazia para ocultar o sofrimento agravava-lhe as dores abdominais.

Aos primeiros raios solares, Emanuelle acordou com horrível sensação de perda. Despertou o marido, dizendo que não sabia explicar, mas pressentia algo estranho. Os dois levantaram-se e dirigiram-se para o quarto da mãe. Susana parecia sem vida. Emanuelle gritou desesperada. A enferma abriu os olhos e esboçou contristado sorriso. A filha chorava, sentindo-se culpada pelo estado doentio da mãe. Clamava a Deus que a salvasse. Mas Susana ergueu a destra com dificuldade, pediu que a filha a segurasse e, com carinho, intentou apaziguá-la:

– Filha, Deus já me foi muito generoso! Estendeu-me a vida a fim de que eu esperasse o nascimento de nosso Samuel e permitiu que eu vivesse até o seu primeiro aniversário; sou feliz por tudo isso. Nada mais me resta a fazer na Terra. Eu os estou sacrificando e isso não é justo! O amor é que me fez pleitear a procrastinação de minhas despedidas, no que fui atendida pelo Pai! Como você pode perceber, obtive permissão para participar dessa felicidade juntamente com vocês. Agora, chegou o momento de despedir-me da Terra, a fim de voltar para o mundo onde o Pai me concedeu vida, segundo o que entendi das palavras de André!

Susana voltou-se para o genro e sorriu. Claudicando, prosseguiu:

– E também dos ensinamentos de outros irmãos que sempre estão presentes às reuniões. Pelo que preceituam os livros indicados por eles, nós não morremos... nós renascemos para a vida eterna.

A moribunda fez pequena pausa para resfolegar; pois não mais suportava diálogos longos, mas insistiu em terminar a conversa, com intuito de acalmar a filha, ainda que desobedecendo as determinações de André, que lhe acompanhava a pulsação.

– Doutor, não me impeça de falar, pois chegou meu

fim! Filha, eu não quero que se desespere perante minha ausência material! Estarei viva ao seu lado e junto a todos, com meu afeto e meu amor, passando energia para lhes revigorar as almas.

Voltou a calar sua voz; aguardou mais um pouco enquanto Emanuelle chorava abraçada ao pai. Em seguida chamou a filha para junto dela e, embora com dificuldade, voltou a dizer:

– Filhinha amada, por que tanto desespero? Lembra que, quando criança, você gostava de brincar, correndo atrás das borboletas? E quantas vezes você me perguntava de onde elas vinham? Eu dizia que era das mãos de Deus e você perguntava de novo: "Das mãos de Deus, mas como, mamãe?" Com carinho, eu sempre repetia a mesma história. Agora, vou repeti-la, novamente: elas vivem por tempo determinado, fechadas dentro de um casulo. Sim, meu bem! É proteção do Criador para com as larvas, a fim de dar sustentação à vida, até que se transformem e se dê o nascimento das borboletas. No momento certo de viverem livres, elas se libertam e voam, felizes em busca do néctar das flores. Assim somos nós. Aprendi, com os ensinamentos doutrinários espirituais, que também temos um envoltório. Nosso corpo carnal é como o casulo; ele nos protege até que nos libertemos como acontece às borboletas. Esse invólucro permitido por Deus ofereceu a mim, como espírito, a oportunidade de mais uma encarnação, para cumprir certo tempo de aprendizado nessa escola que se chama Terra. Como espírito, criação de Deus, vivi dentro deste abrigo físico até alcançar alguns ensinamentos. A matéria é necessária para que os espíritos possam vivenciar a beleza natural, que o Criador oferece a todos os seres que vivem nos caminhos da Terra.

Susana silenciou por mais alguns minutos, como se buscasse fôlego e força para continuar. Suspirou, profundamente, rogando a Deus lhe permitisse concluir a conversa com a filha. Sorriu, olhando para todos, e disse:

– Nós somos os espíritos que vieram para aprender sozinhos, alcançar sucesso; e eu, meu amor, consegui com essa enfermidade aproximar-me da verdade e da bondade de Deus. Não me despeço vazia. Comigo levo uma parcela do dever cumprido. Às vezes, filha, surge pequena fenda no casulo, impondo-nos dificuldade para nos libertar dele, ou seja, deixar nossa matéria. Então, é necessário que alguém nos ajude a desligar-nos deste mundo, usando a tesoura do amor, que Deus, com Sua bondade infinita, coloca em mãos redentoras que, com preces amigas, nos abrem as portas do Céu. Assim é que nos munimos de força e coragem e, como as borboletas, alçamos rumo ao Eterno. Deus, minha adorada filhinha, faz com que Seus fluidos venham para nossas asas para nos elevarmos ao mundo do verdadeiro estágio de nossas vidas.

Susana falou tanto, que se esgotaram suas forças. Sua testa estava inundada pelo suor em face do esforço por intentar passar para a filha o que havia aprendido nas reuniões. André acorreu, pois notara o desfalecimento da mãe de Emanuelle; o corpo começava a enregelar e a destra perdia a força.

O médico, contristado, prendia, entre as suas, as magras mãos de Susana. Os sintomas que pressagiavam a morte da enferma o deixavam desarticulado. Mas era necessário conter-se para dar a notícia ao sogro e à Emanuelle. Embora lutasse para não deixar transparecer sua dor, permitiu liberdade aos seus olhos para que deixassem as lágrimas fluírem. Mas Emanuelle, que já esperava por aquele fim, adiantou-se:

– Poupe-se de falar! Sei que está sendo difícil para você, meu amor! Não é necessário que eu ouça de você que se aproxima a volta de mamãe para o outro lado da vida! Ah, André, como dói vê-la partir dessa maneira! Ela não merecia esse fim! Culpo-me por mais esse tormento! Eu o causei a mim mesma, e a vocês. Houvesse eu resguardado a educação com que minha mãe me preparou, talvez ela não estivesse passando por tal sofrimento. Sabemos, André, que todas as maldades que praticamos em vidas pretéritas, nós as expurgamos aqui na Terra. Trata-se de compromisso que assumimos com as Alturas ao ensejo de renascermos neste orbe. Mas tais obrigações ficam agregadas ao esquecimento. Podemos amenizar tais aflições expiatórias desde que saibamos separar o joio dos bons frutos, reparando nossas maldades através da prática do bem, da caridade, com amor. Para isso não nos é necessário recordar o passado. Sei que a prática da bondade e do amor está deveras explícita nos Evangelhos de Jesus, mas não fiz isso. Então, ao invés de expiar minhas penas, eu as exacerbei. Em meu espírito cultivei ervas daninhas que hoje infestam as salutares plantações que vicejavam na alma de minha mãe. Não me perdoo por haver antecipado o fim de sua vida.

O relógio da parede badalava doze vezes quando Susana deu o último suspiro nos braços de André. Emanuelle correu para o pai. Ele observava tudo, sentado em sua cadeira de rodas. A filha o abraçou, desesperada. Acometida de pranto, pedia-lhe que a perdoasse. O pobre homem não encontrava palavras para consolar Emanuelle. Seu peito parecia inflar, ensaiando implosão, tamanha era a dor por haver perdido a santa companheira, deveras amada por ele.

Chorando, pronunciou resumidas palavras:

– Foi-se um pedaço de mim! Por que, Deus? Por que não eu? Que farei sem Susana? Minha vida acabou-se, também. Quero ir encontrá-la no horizonte onde nos recebem de volta.

João Carlos chorava, desconsolado. Não se conformava. Dizia para si mesmo que, em verdade, ele é que havia violado a disciplina do amor ao expulsar Emanuelle do seio de sua família. Durante todo o velório, ele, em pranto silencioso, não se ausentou de perto do féretro em que se acomodava o corpo inerte de sua amada Susana. Sentia que sua alma sofrida, cansada daquela prisão na cadeira de rodas e na masmorra física que sequer lhe permitira socorrer a mulher amada, estava, também, ansiosa por se libertar. Ele se via derrotado. Enfraquecido, prostrou-se diante da cruel agonia ao pensar que não conseguiria viver sem Susana ao seu lado. Não se alimentava, sequer reclamava da dor que o consumia naquele instante.

Por mais que Emanuelle e André se esforçassem para reanimá-lo, exaltando princípios doutrinários; apontando-lhe que Deus procura levar para junto d'Ele os justos, os bons; os que já cumpriram suas penas terrenas e conduziram suas dores, indenes de lamentação.

Mas João Carlos permanecia taciturno; não se manifestava. André insistiu em evidenciar-lhe que Susana possuiu todas essas qualidades e que o Pai a agraciou com sua ida para junto d'Ele e, de lá, ela iria para o seguimento de vida eterna, entre as estrelas, a fim de emitir raios luminosos sobre todos que necessitarem, para caminhar na Terra.

O genitor de Emanuelle continuava com a cabeça inclinada para o peito, em pranto inconsolável. Com a destra posta sobre as mãos cruzadas do cadáver, ele se obstinava em não se afastar do esquife. Era como se desejasse seguir a extinta. Em silêncio, rogava aos céus que o levassem, também, a fim de que pudesse ficar ao lado da mulher que muito o havia feito feliz, quando ele não percebia porque só pensava em sucessos financeiros, enquanto ela se entregava às artes de pinturas naturais, talvez por não lhe ensejar instantes de amor completo. Enquanto a reflexão discorria-lhe na mente, ele permanecia com os olhos cerrados, como se não quisesse conhecer a verdade que a implacável consciência lhe impunha.

Desde a trágica separação, João Carlos emudeceu, até que também se despediu da vida física. Em lapso de apenas um mês e meio, o pai de Emanuelle partiu ao encontro da amada esposa.

Por bondade do Criador, em poucas semanas o espírito Susana já usufruía das beldades da vida na erraticidade e, com devoção, acolheu João Carlos quando de sua chegada à morada eterna, para, juntos, percorrerem a trilha iluminada pela luz da bondade.

Ambas as almas obtiveram permissão para volitar sobre a Terra, oferecendo proteção aos náufragos do tempestuoso mar da prostituição, das drogas e dos tortuosos caminhos que conduzem à destruição de vidas terrenas, amparando Emanuelle e André na proteção aos jovens debilitados pela dependência das drogas.

Em face do arrependimento da filha, culpando-se pelos acontecimentos que lhe tiravam o sossego e a paz, o espírito João Carlos e o espírito Susana mantinham-se vigilantes na Casa da Amizade, avivando o amor em Emanuelle, a fim de que ela se entregasse mais aos cuidados daquela gente necessitada e sofrida.

Com tais fluidos edificantes, o jovem casal, André e Emanuelle, alcançava quietude no espírito e, com entusiasmo, prestigiava o sucesso da recuperação daquele mal corroborado pelas entidades nocivas.

CAPÍTULO 9

ANOS DEPOIS

Samuel, já homem feito, também formado na especialidade neurológica, é emérito coadjuvante do pai, tanto na casa de recuperação, na clínica situada ao lado, como no hospital que fica no centro da cidade. Assim como o pai, ele se dedica prioritariamente à recuperação das almas perdidas na devassidão das substâncias alucinógenas.

Lá se foram vinte e seis anos após a morte de Susana e João Carlos.

Embora conhecesse os ensinamentos espirituais ministrados por André e os companheiros, sobre a realidade das vidas, espiritual e materializada, sobretudo como se deve comportar diante das vicissitudes da vida corporal, Emanuelle padecia da falta dos pais, que muito amou, entretanto não percebera tal afeição enquanto se entregava ao caminho tortuoso das drogas.

O desconhecimento da vida espiritual é que levou

Emanuelle a entranhar-se nas malhas das substâncias tóxicas, assim como acontece aos dependentes químicos que vivem perdidos, sem rumo e não encontram meios para se libertarem.

Por vezes, Emanuelle se sentia frustrada diante de eventual insucesso na reabilitação de empedernidos dependentes. Samuel intercedia imediatamente e a reanimava, não raro sob a árvore de flores brancas onde trocavam brincadeiras como duas criancinhas. Reativando-lhe o entusiasmo, a mãe de Samuel corria a recepcionar os jovens que chegavam relutantes como acontecera com ela.

Certa vez, uma incitada garota blasfemava daquele lugar, praguejando que os dirigentes deveriam permitir que ela retornasse para o antro de onde a haviam tirado. Emanuelle com ternura se aproximou e, com voz carinhosa, a aparteou:

– Não insulte as providências sagradas, boa menina! Esta casa prima por oferecer amizade a quem necessita! E você, neste momento, está carecendo de muito afeto! Que me diz de seus pais? Eles devem estar sofrendo muito com seu deslize de vida, porque nenhum pai ou mãe deseja esse caminho tortuoso para os filhos. Aproveite, enquanto aqui está sendo amparada, para se livrar das drogas e reflita melhor. A paixão reduz o tempo de vivência na Terra e você está conduzindo-se para esse triste fim. Quando acontece tal tragédia e nada fazemos para evitá-la, o arrependimento bate muito profundo, ao soar a hora. Então, debalde lamentaremos o mal cometido e o levaremos conosco para o cenário da vida a que nos apropriarmos e sabe-se lá onde nos estão aguardando para redimirmos nossas culpas!

Emanuelle suspirou tristemente. Seu coração pulsava forte. Doía-lhe o peito. Emocionada, prosseguiu:

– Digo a você todas essas coisas, porque passei por tudo isso. Eu também fui dependente de drogas e hoje me responsabilizo pela avalanche que arremeteu impetuosamente contra meus pais, levando-os a imensurável tortura. A dor que lhes causei, encarcerando meu pai em uma cadeira de rodas e submetendo minha mãe à proliferação celular cancerígena. Não tenho dúvida de que tais sofrimentos é que levaram meus amados à morte.

A garota fitou Emanuelle, com semblante de curiosidade. Com os olhos transbordando lágrimas, a menina pediu que Emanuelle lhe contasse com mais detalhes o que, realmente, havia acontecido a seus pais.

Emanuelle a convidou para se sentarem num pequeno banco, sob a árvore preferida de Susana, e pormenorizou sua vida tortuosa, desde que se embrenhou naquele covil dominado pela dependência dos tóxicos. Falou sobre a irreversível enfermidade causada pelo tumor maligno que medrou nos órgãos físicos de Susana e do projétil disparado pelo traficante, que culminou na sentença de seu pai a uma cadeira de rodas. Enfatizou que, não fosse sua perversidade, sua mãe e seu pai ali estariam, saudáveis, junto dela.

Emanuelle, percebendo o interesse da jovem, procurou realçar:

– Você sabia que o desgosto provoca doenças insanáveis? É, querida amiga, e nós é que somos culpadas por lamentáveis acometimentos aos nossos próximos! Pense bem, dê a volta por cima e retorne à vida do bem. Abandone esse caminho tortuoso, antes que venha a se arrepender de irreversível mal que possa causar às pessoas amadas, como esse a que submeti meus pais queridos.

A jovem despediu-se de Emanuelle e saiu pensativa. A mãe de Samuel tinha convicção de que ela refletiria sobre o que acabara de ouvir e abandonaria aquela vida, voltando para o aconchego dos pais. Voltaria para o lar, recuperada da dependência que destrói vidas humanas: a das drogas.

Dias após, chegava à Casa da Amizade uma linda garota com processo inflamatório agudo, em face de haver tentado abortamento. Ela mesma havia provocado, introduzindo uma agulha de tricotar na pequena cabeça do feto, assassinando-o sem piedade. O bebê não foi expelido pelo útero, como a aborticida imaginava. Retidos no ventre os restos mortais e a placenta, a gestante se tornou artífice de seu final infeliz. Além disso, ela bordejava na sinuosa trilha das drogas. Não sendo possível salvá-la, seu espírito, destituído do corpo físico, foi recolhido pelos ávidos e perversos vampiros do mundo invisível.

André, acompanhado pelo filho, também médico, Samuel, empenharam-se em luta titânica para salvar outra jovem com lesões cerebrais, depauperada pelo mal da dependência química. Ela se contorcia em convulsões provocadas pela ingestão da mistura de álcool com alucinógenos. Decorridos alguns meses, a adolescente estava literalmente convalescida e, como muitos outros jovens, ela coadjuvava as reuniões com testemunhos, cuja rememoração não lhe era nada fácil.

TESTEMUNHOS

Chamo-me Ismália. Não antevejo motivos para ocultar meu nome verdadeiro. Pretendo denunciar o poder das drogas exercido sobre, vamos assim dizer, os habitantes do mundo terreno e o que elas causam a todos que se tornam seus adeptos. Fui inveterada usuária, não só das drogas, mas também do álcool. Dois entorpecentes que não se combinam e destroem vidas, nas chamadas overdoses. Fui dependente das drogas.

Lamento dizer que não perseverei nos princípios dessa Casa da Amizade, embora me tenham acolhido com distinção e muito carinho e me tenham oferecido muito amor. Infelizmente, meu agradecimento pelo que intentaram fazer por mim foi dar exemplo de relutância em aceitar os tratamentos físicos e espirituais que me poderiam ter eximido do caminho tortuoso, em que ora me espinho no espaço, por falta de compreender a bondade de meus genitores.

Amigos, se é que posso chamá-los assim, fujam dessa vida perniciosa. Olhem para dentro de si mesmos e descubram a realidade do viver físico; nada é mais saudável do que o convívio harmonioso com os pais e a família.

Não queiram para vocês essa vida que estou levando na erraticidade, haja vista meu cruel sofrimento. Mas, aqui no mundo espiritual, há entidades benfazejas que nos preparam para reconciliação com as leis do Criador, amainando-nos as penas. Perseverasse eu na assistência da casa de socorro, quando vivia aí na Terra, talvez aqui no invisível não estivesse passando por tanta aflição.

Ao invés de me agarrar aos ensinamentos, eu seviciava inocentes para me ajudar a evadir dessa santa instituição. Eu induzia os vigilantes a me seguirem e tentava seduzi-los. Quando se negavam às minhas carícias, eu os sacrificava com pancadas na cabeça, por vezes levando-os ao desmaio..., e fugia. Na vivência de rua, na Terra, tornei-me agressiva, má, impiedosa, e fui, sem que percebesse, verdugo de minha família... e acrescentemos que não havia inocência em mim, porque, quando sóbria, embora poucas vezes, eu percebia os sofrimentos que causava a meus pais e a meus irmãos. Todavia, eu era indiferente às suas queixas.

Parecia que eu havia banido do meu coração o sentimento, até que fui executada por traficante com quem eu tinha dívidas oriundas da aquisição de entorpecentes. Como espírito, agora confessando suas maldades nesta obra, o faço com exclusiva intenção de tornar patentes os naufrágios causados por esse desastroso vício na vida terrena.

A vocês, usuários de drogas, a vocês que pretendem entrosar-se nessa súcia de descomprometidos com Deus e com o amor e também a quem deseja preservar-se desse mal que segrega as pessoas da sociedade e, sobretudo da família, eu aconselho que lutem contra essa ruinosa dependência; afastem-se desse mundo cavernoso, um dos maiores causadores de mazelas nas almas na Terra, tanto na sua própria, como na daqueles que os trouxeram ao mundo, que não mediram esforços para amá-los, os escolhidos pelo Criador para serem seus tutores na Terra, pois são eles os verdadeiros guardiões que passaram noites e noites embalando vocês nos braços. E quantas horas do dia e da noite a mãe os amamentou! E vocês, que se entregaram a essa tormentosa dependência química, os obrigam a passar por caminhos eivados de abrolhos, opostos à verdade, em busca de alguma solução para oferecer-lhes o amor.

Caso vocês se estribem em proibições que os constrangeram, não as usem como artifício para justificar eventuais traições a eles. Sim, traição, porque vocês estão subestimando a fidelidade com que seus pais os conduziram; mães que durante meses, resguardaram no ventre filhos tão desejados, sonhando com futuro promissor para eles e, ao invés de contemplar seu sucesso, recebem profunda punhalada. Pais, orgulhosos, quantos sonhos não alimentaram, quantas glórias não idealizaram para o futuro. Juntos, seus genitores planejavam brilhante posteridade para vocês. Eles os acolheram, nos braços, com alegria, porque vocês são segmentos de seus corpos que se uniram no amor.

Meus queridos irmãos, não sejam inconsequentes como fui! Ó Deus, por tão pouco, engendrei vergonhosa vingança. Quis mostrar aos meus pais que eu era tão potente quanto eles, e me entreguei à desgraça. Eu os condenei à miséria da vida! Ainda que não tenha usado minhas próprias mãos para exterminá-los, eu os empurrei para a morte, com cruel insensibilidade. Eu os conduzi por estradas tortuosas à minha procura, até que foram mortos por pessoas que eram dadas a negócios ilícitos, como vendas de substâncias venenosas, as infernais drogas. Hoje, como espírito que vive por algum tempo na erraticidade, confesso meu inconsolável arrependimento.

Convicto de meus erros, falo a vocês, amigos da Terra, que enquanto é tempo cuidem de sua vida terrena; abandonem, caros colegas, quaisquer vícios que lhes venham prejudicar e, também, a suas famílias. Vocês não imaginam o que lhes espera na parte escura do Universo, onde se situa o oposto do que imaginamos aguardar-nos no celestial.

Que Jesus abençoe a todos e, com mais zelo, àqueles empedernidos na prática do pecado. Ampara, ó senhor, os que vivem no mundo das drogas e mostra-lhes o caminho do bem. Que eles sejam salvos das trevas e da estrada sinuosa que leva à perdição.

Sou um jovem que enveredou pelo caminho tortuoso das drogas. Meu nome eu não gostaria de pronunciá-lo. Não pretendo magoar, ainda mais, minha família, nem minudenciar minha vida de usuário, a fim de evitar possíveis constrangimentos.

Manifesto-me apenas com intenção de aconselhar aos usuários dessas substâncias malignas que delas se afastem, antes que lhes aconteça um mal que pode não ter volta. A todos que iniciam, ouçam a voz da própria consciência, porque ela jamais falha quando ouvida atentamente. Aos que pretendem começar nesse meio de entorpecimento, recomendo que reexaminem suas pretensões, pois esse não é um caminho designado por Deus.

Pensem no glorioso lar que possuem, ainda que humilde. É uma bênção divina! Pensem na família! Ela é que nos acolheu nos braços e nos deu amor. Por vezes nos precipitamos em julgar que não encontramos paz ao lado deles, mas é um engano, porque a harmonia existe dentro de cada um de nós, dependendo do nosso conceito moral.

Tenham mais amor, fé e esperança, porque encontrarão o desejado. Com afeto, desejo muita paz e reconciliação com quem quer que seja e que esteja envolvido na situação. Tudo passa, só não passam o erro e o arrependimento. Que o Senhor os abençoe!

CAPÍTULO 10

O TRABALHO NÃO CESSA

Emanuelle não tinha conhecimento de que João Carlos e Susana, antes de irem para a Casa da Amizade, a convite de André, firmaram testamento sobre a partilha de seus bens.

Emanuelle vendeu a Marcos, seu irmão, a parte que lhe era de direito, aplicando o valor auferido na ampliação da Casa da Amizade.

Especializando-se em síndromes, Emanuelle, além de acolher jovens dependentes químicos e rebeldes, acolhia crianças, moças e rapazes com desvios psíquicos e mentais.

A presença de criaturas naquele meio glorioso aumentava gradativamente. Alguns por iniciativa própria, outros que vagavam em busca do nada e deparavam-se frente à casa de recuperação, conduzidos por espíritos benevolentes. Outros eram levados pelos próprios pais.

Todavia, todos iam em busca do mesmo objetivo: a

cura da alma, a recuperação do mal das drogas. A Casa da Amizade era considerada como especial solução para os dependentes químicos. Lá se corrigiam os comportamentos desastrosos que os alucinógenos encaminhavam ao caminho tortuoso.

Emanuelle preparava equipes de jovens para ajudar na educação espiritualizada da casa. Rapazes e moças se reuniam permutando esclarecimentos que haviam adquirido a respeito do mundo espiritual e da razão pela qual haviam de se afastar do mal que as drogas causam às pessoas, em especial, ao ensejo do desligamento entre a alma e o corpo físico e como os dependentes eram submetidos à dependência pelas entidades perniciosas.

Em determinado dia chegou um jovem à casa de recuperação que já estava em estado de loucura; os médicos reputaram o caso como irreversível. Mas a espiritualidade, mais uma vez, mostrou que nada é impossível quando se entrega às mãos de Deus. Então o moço reabilitado manifestou-se:

– Amigos, vocês jamais imaginam como ficam as almas dominadas pela interferência das entidades inferiores. Elas debilitam-se, ensandecem, são destituídas de vontade própria, pois os maldosos companheiros das trevas não permitem espaço para raciocinarem e usarem seu livre-arbítrio. É aconselhável que oremos e nos voltemos para a luz das estrelas e nos atenhamos à realidade, pois a veracidade da vida é estarmos bem próximos a Deus. E Deus é a luz que nos mostra o caminho do bem e tão somente o encontramos quando as portas são abertas para nós; e elas não se abrem senão para aqueles que enxergam, com autenticidade, seus próprios erros. Chegou o momento de exercermos nossa própria vontade, abandonarmos o tortuoso caminho do mal e tomarmos conhecimento da verdade.

Emanuelle poderia ter prolongado sua longevidade caso se afastasse das drogas no momento oportuno. Aos cinquenta e oito anos ela se despediu da Terra. Não fora antes porque tivera força e vontade para dar assistência aos dependentes das drogas.

Entregou-se ao segmento do Evangelho de Jesus, para a sondagem do verdadeiro amor de Deus. Procurou, com respeito, as informações do mundo espiritual. E foi nesta batalha de amor e procura da verdade que ela se entregou aos braços do Criador. Ela também caminha por estrada reta e iluminada, seguindo os rastros da luz que o Criador estrelou, nos espaços infinitos. Emanuelle, com sucesso espiritual, está espargindo raios sobre casas de caridade, onde continuam praticando o bem aos necessitados.

Ela caminha suavemente sobre as relvas celestiais, colhendo as flores do amor, espalhando paz nos corações aflitos, e sua caminhada na órbita terrena é feita induzindo jovens dependentes químicos a retornarem para a trilha da bondade, em busca da verdadeira vida ensinada pelo mestre Jesus.

Emanuelle os conduz até o portão da Casa da Amizade, onde um dia foi acolhida por seu grande amor André. Onde encontrou a verdadeira estrada e deixou o caminho tortuoso das drogas.

André, após orientar seu filho e outros jovens a seguirem o exemplo de bondade, estudando e formando-se nas especialidades para aplicação de benefícios aos que lá chegavam com a dependência das drogas e com a debilidade mental, já na ancianidade restringiu suas atividades aos ensinamentos espirituais – o que ele fazia muito bem – e na observação dos cuidados médicos e clinicar dos parceiros, em especial os mais jovens.

O médico deixou a Terra indene de sofrimento e retornou ao mundo das almas bendizentes, onde se encontrou com Emanuelle. Ela o aguardava no umbral da felicidade. O porto seguro da paz.

Vivem na eterna vida dos espíritos, com acompanhamento de João Carlos e de Susana, onde atravessam muralhas para auxílio terreno, em situações diversas.

A infinidade do Universo, criado por Deus, é o centro do amor com que Ele nos enriquece. Orna todo o espaço deixado pela mantilha celestial que cobre a Terra, para que todos desejem paz.

Houvesse observância aos ensinamentos de Jesus, o mundo estaria isento de violência e viveríamos como irmãos na unidade do amor de Deus. O amor é benevolência paterna, atribuída por Deus à nossa devoção afetuosa.

Assim estivéssemos conscientes, os filhos deste Criador oni-

potente, saberíamos compreender o mal a que nos persuadem entidades mal-aventuradas, e por nada, mas nada mesmo, chegaríamos ao insucesso na Terra.

Minha sincera saudação,

Fernando de O. Campello
Uberaba, MG, 06 de outubro de 2009

FIM

VOCÊ PRECISA CONHECER

O que é dependência química
Maria Heloisa Bernardo
Dependência química • 14x21 cm • 192 pp.

Temas importantes serão abordados nesta obra, como a doença da dependência química e suas fases de evolução, os mitos e tabus sobre as substâncias psicoativas. Um verdadeiro alento para quem vive esse drama, sejam os familiares ou o próprio dependente, pois enfatiza que recuperar é possível – e aponta alguns caminhos.

Drogas: causas, consequências e recuperação
Valci Silva
Dependência química • 14x21 • 232 pp.

Em linguagem bastante acessível, o autor dirige-se ao leitor (espírita e não-espírita) esclarecendo-o sobre as drogas, de maneira geral, seus componentes e seus efeitos e sobre os princípios científico-filosóficos do Espiritismo, que nos sustentam, criaturas endividadas que somos, nesta maravilhosa Escola Reencarnatória chamada: Planeta Terra.

Minha escolha é viver
Fátima Moura
Romance Espírita • 14x21 cm • 192 pp.

Fátima Moura junta-se aos jovens nesse seu romance, *Minha escolha é viver*, com o intuito de abrir-lhes os olhos e mostrar que, mais importante que pertencer a grupos, é manter a dignidade e os valores morais recebidos na infância. O uso de droga é uma opção. E essa escolha pode ser fatal.

Diário de um adicto
Adilson Mételer
Dependência química • 14x21 • 160 pp.

Esta é uma visão realista da doença da adicção, um depoimento corajoso de um dependente químico em recuperação, que conta com conhecimento de causa quanto sofrimento pode haver na vida de quem usa drogas, bem como nas vidas dos familiares. É também uma inspiração e uma prova de que se deve ter esperança!

Não encontrando os livros da **EME** na livraria de sua preferência, solicite o endereço de nosso distribuidor mais próximo de você através de
Fones: (19) 3491-7000 / 3491-5449
(claro) 9 9317-2800 (vivo) 9 9983-2575
E-mail: vendas@editoraeme.com.br – Site: www.editoraeme.com.br